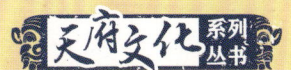

"绘"天府 "智"成都
创新创造智成都

刘兴全 主编

四川大学出版社
SICHUAN UNIVERSITY PRESS

项目策划：王　军　段悟吾　杨岳峰
特邀编辑：于　俊
责任编辑：张　晶
责任校对：张宇琛
封面设计：墨创文化
责任印制：王　炜

图书在版编目（CIP）数据

"绘"天府　"智"成都．创新创造智成都 / 刘兴
全主编．— 成都：四川大学出版社，2021.8
（天府文化系列丛书）
ISBN 978-7-5690-4035-7

Ⅰ．①绘… Ⅱ．①刘… Ⅲ．①文化史－成都－通俗读物　Ⅳ．① K297.11-49

中国版本图书馆CIP数据核字（2020）第255040号

书名	"绘"天府　"智"成都　创新创造智成都
	"HUI" TIANFU "ZHI" CHENGDU CHUANGXIN CHUANGZAO ZHI CHENGDU

主　　编	刘兴全
出　　版	四川大学出版社
地　　址	成都市一环路南一段24号（610065）
发　　行	四川大学出版社
书　　号	ISBN 978-7-5690-4035-7
印前制作	墨创文化
印　　刷	四川盛图彩色印刷有限公司
成品尺寸	190mm×200mm
印　　张	18
字　　数	281千字
版　　次	2021年8月第1版
印　　次	2021年8月第1次印刷
定　　价	88.00元（全5册）

◆ 读者邮购本书，请与本社发行科联系。
　电话：（028）85408408/
　（028）85401670/（028）86408023
　邮政编码：610065

◆ 本社图书如有印装质量问题，请寄回出版社调换。

◆ 网址：http://press.scu.edu.cn

四川大学出版社
微信公众号

版权所有 ◆ 侵权必究

天府文化系列丛书编纂工作机构

一、编纂委员会

名誉主任：杨泉明　四川省社科联主席、教授

　　　　　杨继瑞　成都市社科联名誉主席、教授

主　　任：李后强　四川省社科院党委书记、成都市社科联主席、教授

　　　　　陈　蛇　成都市社科联（院）党组书记、院长、研究员

副 主 任：王　军　四川大学出版社社长

　　　　　廖德斌　成都市社科联（院）副主席、副院长

　　　　　阎　星　成都市社科联（院）副主席、副院长、研究员

成　　员（按姓氏笔画排序）：

　　　　　王　川　四川师范大学副校长、教授

　　　　　王　苹　中共成都市委党校副校长、研究员

　　　　　朴钟茂　韩国学者

　　　　　刘平中　成都师范学院研究员

　　　　　刘兴全　西南民族大学艺术学院院长、教授

　　　　　许蓉生　成都市社科院历史与文化研究所研究员

　　　　　李　菲　四川大学中国俗文化研究所副所长、副教授

　　　　　何　平　四川大学历史文化学院教授

何一民　四川大学城市研究所所长、教授

黄宗贤　四川大学艺术学院教授

彭邦本　四川大学历史文化学院教授

舒大刚　四川大学古籍所所长、教授

谭　平　成都大学文学与新闻学院教授、天府文化研究院院长

二、专家指导委员会

谭继和　巴蜀文化学者、四川省社科院研究员

熊　瑜　四川大学出版社原社长、教授

段　渝　四川师范大学巴蜀文化研究中心主任、教授

陈廷湘　四川大学历史文化学院教授

李　怡　四川大学文学与新闻学院院长、教授

苏　宁　四川省社科院文学所研究员

三、编务组

尹　宏　成都市社科院经济研究所所长、研究员

冯　婵　成都市社科院历史与文化研究所所长、副研究员

孙　艳　成都市社科院历史与文化研究所副研究员

李单晶　成都市社科院历史与文化研究所副研究员

张羽军　成都市社科院历史与文化研究所助理研究员

本书编委会

主　编：刘兴全

副主编：顾斐泠　谭贻丹

参编人员：张　璐　李康世炜　王子慕　黄发苗
　　　　　黄润希　胡远航　李　博　刘非凡

总序

  天府文化是在中华广域文化共同体内，植根于巴蜀文明沃土而生长起来的奇葩满枝、蓉花似锦的地域文化常青树。她有百万年以上的文化根系，由"肇于人皇，与巴同囿"，源于秦陇古羌的上万年的文明起步，有4500年以上"都广之野""优越秀冠"的农桑文明的发展历程，具有城乡一体、神韵独特、历时弥久、与时俱进，不断进行创新性转型和发展的特征。

  天府文化是从"天府之国""天府之土"得名的。"天府"一词最早源于《周礼·天官》，由天官管理王室祖宗牌位、宝器和图书的阆苑被称为"天府"。后来，民间就把沃野千里、物产丰盈的土地称为"天府之国"。最初"天府"是指周、秦和汉初的京师关中之地，也包括视同京畿的汉中平原和成都平原。到汉代中期，特别是东汉以后，"都广之野"被开垦为优越秀冠、天下第一的农桑文化之地，于是"天府之国""天府之土""天府陆海"这些称呼，就成为以成都为中心的巴蜀一方独享的光辉桂冠了。时至今日，天府文化的文脉已经发展演变了4000多年，经历了六大发展阶段。

一、天府农桑文明起源和形成阶段

  巴蜀人是从秦陇古羌发展来的。古羌人在7000年前从秦陇、河湟地域分两支向南迁移。天水秦州大地湾6000年前的新石器时代遗址，就是他们的根据地。其中，向东移徙的一支，以伏羲氏为祖先，由黄帝系高辛氏部族集团迁徙发展到秦岭和秦巴山地，直到汉水、武陵源，是为巴人，以游牧渔猎为业，后来才发展起农业。向西移徙的这一支，从秦陇到岷山，直到都广之野，是为蜀人，以产牧为业，"蜀之先，肇于人皇之际"，以黄帝系高阳氏部族集团为祖先。从今已发掘的茂县营盘山遗址、什邡桂圆桥遗址、成都平原宝墩文化六座古城遗址，再到三星堆遗址、十二桥文化金沙遗址、新都马家大墓和彭州竹瓦街遗址、羊子山土台遗址，直到商业街战国船棺葬遗址、岷山饭店遗址，这就是蜀人从岷山、岷江走入都广之野的发展之路。《史记·天官书》专门有记载："中国山川东北流，其维首在陇蜀，尾没于勃碣。"蜀人就是在这样优越的地理环境中逐步创造出高级农业文明来的，进而形成古蜀方国。天府文化就是这样起源的。

这个阶段有三大特征：

一是"都广之野"经"水润天府"发展为中国三大农业起源地之一，并且成为中国高级农业发展的一个重要中心。它的初曙起于成都平原宝墩文化六座古城遗址所展示的"古城"中心聚落开始的时代。这些遗址所创造的农业文化都是在森林和林盘围绕的农业聚落中发展起来的。今天的天府人享受的以小桥流水、竹林茅舍为特点的"林盘仙居"人居方式和"逍遥自在似神仙，行云流水随自然"的生活方式，就是宝墩文化奠定的基础。这一阶段的辉煌时代则是以三星堆为标志性符号的古蜀青铜文明时期。三星堆是富有神奇生态、神秘文化、神妙心灵的古蜀文明的结晶，尤其是从1号到8号祭祀坑的新旧发掘，展现出的光芒震惊世界，不同凡响。一方面，它既有中原文化传来的圆头方尊、顶尊跪坐人像和顶尊跪坐女神像、簋、簠等礼器，表明它是在中原礼制文化影响下发展起来的，是以"河洛古国"为根的中华广域文化共同体的一部分。它为天府文化的发展和转型，留下了"心向中原"的根脉。另一方面，它又有自己独特的地域神韵。高大的青铜神像、青铜面具、青铜神树、各型青铜鸟、黄金面罩、黄金杖，以及人面鸟身、线刻羽人和太阳神鸟图案，又展现出巴蜀祖源崇拜中独有的羽化成仙的浪漫梦想特征。古蜀文明重仙、重神器的浪漫主义特征与中原文明重礼、重礼器的现实主义特征，在三星堆那里得到完美会通，为天府文化留下了理想精神与现实奋斗精神相结合的3000年文脉。总之，以宝墩文化与三星堆文化为代表的古蜀文明，早在文明启蒙时代就已是长江文明的生长点，是长江上游古文明起源和发展的中心，是以岷山、岷江为文化地标的"江源文明"诞生的摇篮，是孕育锦江文明的源头，是培育天府文化之根和魂的肥壤沃土。

二是天府丝绸成为培育中华丝绸文明的重要基础。丝绸文明是中华文明的特色。它的起源在中华大地上如满天星斗，多地域、多源头而又同归于黄帝嫘祖一脉，具有"多源一脉"的特征。而巴蜀是其重要的发源地。早在《山海经·海外北经》就有"欧丝之野"的记载，说跪据桑树的女子发现野蚕啖桑呕丝，可以丛养缫丝。"欧丝之野"指的就是"都广之野"，这是天府养蚕缫丝最早的文献记载。五帝时代，黄帝嫘祖一族与蜀山氏世代联姻，嫘祖之子昌意娶蜀山氏女昌仆。昌意之子韩流娶蜀山氏女淖子生高阳氏颛顼，成为"五帝"之一。高阳孙子大禹生于西蜀羌乡，娶巴蜀女子涂山氏。大禹后裔君主季杼从中原回归蜀山石纽祭祖，

"术禹石纽，汶川之会"。末代君主夏桀娶岷山庄王二女婉和琰，这些史料均说明从五帝时代到整个夏代，蜀山氏与黄帝嫘祖部族的高阳氏集团长期联盟，互为姻亲。蜀山氏集团后来出现的古蜀第一位有名字的先祖是蚕丛，蚕丛即蜀山氏部族对其首领是栽桑丛聚养蚕技术发明者的尊称。其祖地在岷山蚕陵，后迁到成都平原，双流牧马山是他的祖源文化地标符号。而与蜀山氏联姻的高阳氏则给蜀山氏带来了嫘祖缫丝织绸的绝妙技术。嫘祖的"嫘"，有女性缫丝累结一团之意，是轩辕氏部族对最先发明缫丝织绸高超技艺的母系领袖的尊称。蚕丛氏的栽桑养蚕技术与嫘祖族的缫丝织绸技术完美结合，广泛应用于都广"欧丝之野"，这就是从岷山到成都平原一带中华丝绸文明培育和出现的历程。2021年3月20日，"考古中国"重大项目进展会通报，在三星堆4号祭祀坑的灰烬层中新发现了丝绸蛋白的痕迹，联想到三星堆青铜立人像飘逸垂裳的丝衣形象，这就是从五帝时代到夏商时代天府丝绸发明和传承的实证。汉代出现的"蜀锦""蜀绣"则进一步传承发展了五帝至夏商时代天府丝绸的根脉与基因。

三是茶文化也发祥于天府文化起源阶段。早在巢居渔猎时代，蜀人就发现嚼吃茶树叶可以代替盐调味，由此最早发现了茶树。到西汉，吴理真首次人工种植蒙顶茶树。由嚼茶到煮茶，遂逐渐形成蜀人敢为人先的精神。"茶"字在中唐以前还没出现过。有关茶的各种字词，最早都出现在蜀方言里，如"荈"（音"接"）（司马相如《凡将篇》）、"荼"（《诗经·谷风》："谁谓荼苦，其甘如荠。"宋苏轼："周诗记苦荼，茗饮出近世。"）、"槚"（《尔雅》）、"蔎"（扬雄《方言》："蜀西南人谓荼为蔎。"）等。"茗"字出现在唐宋时期，也指茶叶。这些例子都证明茶之源在蜀。到汉唐时代，饮茶"冠六清"已成为巴蜀民间习俗。最早的盖碗茶、最早的茶馆僧寮和文武茶道，都诞生在巴蜀。

二、秦汉魏晋时期天府农桑文明发展到"优越秀冠"阶段

《战国策》首讲"天府"称号，指以关中八百里秦川为中心，包含京辅、汉中与蜀中三大平原区域。东汉以后，最早记载巴蜀是"天府之土"的文献是《隆中对》，到西晋左思作《蜀都赋》时，则干脆不把"天府"桂冠戴在关中头上了，而是讲关中还差了一点，只能说是接近"天府"，"号为近蜀"，从此，"天府"之号便移到了四川头上，沿用至今。

这一阶段天府文化最大的特征有三：

一是天府农桑文化获得创新性的转型升级，成为美丽乡村生态与"既丽且崇"的城市文态相结合的标本，也是中华城乡一体农桑文明发展的"首席提琴手"，千里沃野，物产丰盈，不知饥馑，享有"天府陆海"的专称（《华阳国志》）。当时的成都已发展成仅次于长安的全国第二大城市，"列备五都"，建立起了巴蜀城乡一体化的以成都为中心的大小城镇商业网络体系。

二是江源文明孕育了天府丝绸，而天府丝绸反过来推动了秦汉锦江文明的发展，出现了蜀锦、蜀绣的品牌专称。成都也成为与临淄、襄邑比肩齐名的全国三大丝绸中心之一。"锦江""锦里""锦官城""锦城"这些美名，皆因江水洗濯蜀锦特别鲜明好看而得来，其地标符号一直留存至今。司马相如的大赋被称为"锦绣文章"，也是因为司马相如善于观察和学习蜀锦工匠的高超手艺，写出了

文如锦绣、音韵神来的典范作品。成都老官山汉墓出土了4座织锦机与14个纺织工匠木俑，这是世界上发现最早的提花织机，沿用至今。新疆尼雅遗址出土的织有"五星出东方利中国"字样的蜀锦肩膊，体现了汉代成都人善于以丝绸为宣传手段，向丝绸之路沿线宣传中华大一统理念的"文化创意智慧"。总之，蜀锦、蜀绣在秦汉时期已成为成都以丝绸之路为平台进行国际交流的代表性产品。

三是"文翁倡其教，相如为之师"。文翁兴教化蜀创石室与讲堂，他既是地方公学与"文庙官学"的创始人，又是传承孔子私学传统，以"温故"与"时习"二讲堂开启后世书院之学的创始人。文翁教化的结果是将巴蜀本土文化转型升级为国家主流之学，成为以儒为本、以"儒化中国"为主旨的蜀学的滥觞，后来蜀学与齐鲁之学比肩发展，蜀地出现司马相如、扬雄等大文学家，这是天府城市精神文化的第一次飞跃发展。

三、唐宋时期天府经济大发展、文化大繁荣阶段

这一时期的唐剑南西川与宋川峡四路是全国最富庶的地区，是唐宋两朝重要的财源地，时有"扬一益二"之称。反观当时欧洲很多城市已逐渐衰落，成都则发展成当时世界财富聚集与经济文化繁荣的国际化大都市，已经是"天下第一名镇"（卢求《成都记》）。这一时期经济文化最亮眼的成就，是雕版印刷术起源于成都。宋代《开宝大藏经》在成都首次结集印制。道藏也由杜光庭第一次结集。儒家的《九经》在五代时期得以结集印刷，表明儒释道三教融会潮流在天府兴起。城市商业已突破了传统坊市制度，商人们破墙开店，临街设店成为新的商业风习。

随着通向长安的"蜀道网"的兴起，成都作为西部土特产集散中心，发展出以"十二月市"为标志的自由集市和专业性的手工作坊街道。货币史上的划时代变革，则是在唐代交易信用券"飞钱"基础上，于宋初发明和使用纸币"交子"，这是世界上最早使用的纸币。

唐宋时期天府文学和艺术的发展，成就了成都作为古代东方世界文化之都、书香之都、诗意之都、音乐之都和美术之都的城市形象。陈子昂、李白、杜甫、苏轼、陆游等"秀冠华夏"的文化巨人的出现，进一步强化了"文宗在蜀""表仪百代"的传统。而薛涛、黄崇嘏、花蕊夫人等一批才女的出现，则是汉唐以后"才女在蜀"文化传统的赓续。"文宗在蜀"与"才女在蜀"的规律性出现与发展，均是巴蜀山川秀气与诗意书香灵气孕育明珠的结果。唐代大慈寺壁画"精绝冠世"，留下了古代东方美学之都的文化基因。蜀派古琴"蜀国弦"和始于巴蜀的竹枝词、前蜀永陵二十四伎乐石刻形象，显示出天府成都管弦歌舞之盛。这一时期成都人观景游乐的特征是游赏习俗的人文化与艺术化，如浣花大游江、小游江，锦江"遨头""遨床"，锦江之畔梨园乐坊选乐伎状元，这是天府旅游发展史上第一次将文化融入旅游习俗。又如孟蜀石经、中国第一部词集《花间集》、唐宋蜀刻本、龙爪本、薛涛笺与十色笺、蜀锦、蜀绣以及专为文人考举夜读设计的邛窑省油灯等，是天府书香诗意生活方式普及化而留下的艺术瑰宝。

四、元明清时期天府文化由精英文化转型为城乡平民文化阶段

这一时期天府城市工商业获得了长足发展，"蜀锦、蜀扇、蜀杉，古今以为

奇产"（《广志绎》卷三），成为交换苏杭文绮锦绣、山珍海错等"下江货物"的畅销商品。新制蜀折扇不仅用来进贡，而且还行销全社会。岷山的蜀杉木被采伐来修建北京故宫。

这一时期"川味"特色的下层群众文化开始兴盛，其最高成就是由成都"唐杂剧"、元北曲、明南曲、清雅部戏发展而来的花部戏地方剧种之一——川剧。同时，一些著名文人对川剧剧本加以文学性、诗意性改造，出现"五袍、四柱、江湖十八本"等诗化剧本，使川剧由粗糙的市民艺术变为声腔宏富、文辞典雅、俚俗并兼、雅俗共赏、亦庄亦谐的精致艺术，进一步推动了天府市民社会习俗的文雅化、书香化与诗意化。元明清时期天府教育事业也获得了新发展，主要体现为书院制度的创新。元代有草堂书院，明代有子云、大益、浣花等书院，清代有锦江、墨池、芙蓉、潜溪等书院，均驰名全国。社会上兴起的评书、扬琴、古琴、竹琴、金钱板、皮影、木偶、围鼓、口技、相声、清音等，是这一时期活跃于社会群众舞台的曲艺形式。今天四川评出的多种非物质文化遗产，大多产生于这一时期。

五、近代天府文化由古典形态向近代形态蹒跚转化阶段

1840 年后，以农桑文明为特征的天府地域文化，在外国资本主义、帝国主义侵入的影响下，受到近代文明的冲击，在阵痛中迈着蹒跚的步伐缓慢地向近代形态转化。特别是 19 世纪末期和 20 世纪初期，新旧文化激荡冲突，天府地域文化围绕着对传统文化的破与立、对中西文化的体与用激烈论争的主题，开始了

加速转型。其中最重要的有六大事件：

一是19世纪末的戊戌维新运动，"是一阵思想的巨浪"，开创了地域文化"新的思想意识时代"。1875年四川省城尊经书院创建，倡导"绍先哲，起蜀学"的新风，以湘学巨子王闿运为山长，兼容中学经史与西学时尚，会通湘学与蜀学，先后培育出以廖平、吴之英、宋育仁、张森楷、刘光第、杨锐以及传承尊经书院文脉的郭沫若、蒙文通、周太玄等为代表的一大批通经致用、新旧会通而又重今文经学传统的新蜀学人才，在四川开启了近代启蒙思想意识发展的新阶段。

二是20世纪初的四川保路运动，它不仅是政治、经济运动，也是文化变革的运动。从旧绅士阶层走出来的城市精英组成立宪派与下层民众组织哥老会相结合，"引起中华革命先"（朱德评价语），开启了四川人对西方民主意识的吐纳与民族革命精神新觉醒的历程。

三是五四新文化运动在四川，出现了对"科学与民主"新思潮的追求，先进知识分子则开始了对马克思主义的新探索。1920年，四川人陈豹隐在北大首讲"马克思主义经济学概论"，郭沫若在1930年以恩格斯《家庭、私有制和国家的起源》为指导，编写《中国古代社会研究》，填补了恩格斯"起源论"没有写中国的"下半页空白"。1922年，王右木首先在成都建立早期党组织。1924年，杨闇公、吴玉章在成都成立"中国青年共产党"，开展革命活动。在党的百年奋斗史上，天府四川人以敢为人先的精神做出了杰出的贡献。

四是中国工农红军创建川陕、湘鄂川黔革命根据地，传播红色革命文化火种，建成全国第二大苏区。红军长征过四川，铸就伟大的长征精神。四川是红军长征历程中活动范围最广、历时最长、行程最远、战斗最密集、翻雪山过草地境遇最恶劣的省份，同时也是建立第一个少数民族苏维埃政权——"中华苏维埃中央博巴自治政府"的地方。

五是抗日战争时期抗日救亡运动在四川兴起，成立各界救国联合会。川军出川抗战，四川人民为抗战做出了巨大的人力、物力和财力贡献。沦陷区大量高校内迁四川，为天府文化注入了新的活力。四川成为大后方民族复兴的根据地和中华文艺复兴的基地。

六是解放战争时期，四川地下党在极其严酷的形势下，组织广大爱国学生和人民群众开展各种斗争，迎接四川解放，掀开了四川历史的新篇章。

六、新中国、新时期、新时代 70 年天府文化开创新面貌新格局阶段

新中国 70 年是社会主义在中国奠基、建立，到开创和发展中国特色社会主义宏伟史诗进程的 70 年，是中华民族从站起来、富起来到强起来的伟大历史飞跃的 70 年。1949 年新中国成立，社会主义制度在中国确立。1978 年党的十一届三中全会开启了改革开放宏伟历程，我国进入开创和发展中国特色社会主义的历史新时期。2012 年党的十八大以来，以习近平同志为核心的党中央统揽伟大斗争、伟大工程、伟大事业、伟大梦想，中国特色社会主义进入伟大的历史新时代。在这个新时代的历史方位上，在中国特色社会主义基本架构和四梁八柱已经铸就的基础上，在习近平新时代中国特色社会主义思想指导下，中国人民正进一步完善和发展中国特色社会主义，百年大党，世纪伟业，迎来了实现中华民族伟

大复兴中国梦的光明前景。

　　70年来，传统的天府文化，伴随着共和国不同时期的成长步伐，在创新性转型为中国特色社会主义文化的过程中，不断书写出新的篇章。新中国成立，解放后的新四川，人民当家做主，社会革故鼎新，天府文化获得创新性转化与创造性发展的机遇。其中，党中央"三线建设"的英明决策，不仅奠定了四川现代工业化的经济基础，而且为巴蜀文化、天府文化优良传统的创新和发展，注入了"三线精神"的优质内涵。进入改革开放新时期，天府四川更开拓出"改革之乡""富民兴川"的社会主义现代化建设的全新局面。社会主义天府文化在新时期也随着改革开放实现跨越式发展，传承巴蜀老祖宗"非常之人"（司马相如语）和"敢为天下先"的精神，助推治蜀兴川再上新台阶。党的十八大以来，天府人深入学习贯彻习近平新时代中国特色社会主义思想和习近平总书记对四川工作系列重要指示精神，认真践行"公园城市""构建长江上游生态屏障"、保护发展"从巴山蜀水到江南水乡的千年文脉"等新发展理念，同心共筑中国梦，阔步走进新时代。

　　成都市秉承上述天府文化4000多年文脉传承的基因，于2017年全市第十三次党代会上提出了"弘扬中华文化，传承巴蜀文明，发展天府文化，努力建设世界文化名城"的宏伟目标和塑造"三城三都"的有力措施。当前，成都深入贯彻中央"成渝地区双城经济圈"战略部署，正掀起对成渝巴蜀文化共同体、成渝城市群文化圈和成渝文化旅游走廊研究、推动和构筑的热潮。

　　从上述天府文化起源、形成、发展和创新的六大阶段，我们可以清晰地看出天府文化4000多年文脉基因的形成和发展历程，它贯穿历史、当下与未来，历史文化与现代文明错综发展，每个历史时代或历史阶段都有创新性转化和创造性发展的硕果。每个时代的天府人都把传承祖宗文脉薪火，开拓天府文化新路，培育和维护这棵天府文化常青树，作为造福当代、泽被后人的历史责任与担当。

当今新时代赋予天府文化新的历史方位和特征，是天府成都人开创社会主义天府新文化新文明的难得机遇。今天总结出的新时代天府文化有四大特征——创新创造、优雅时尚、乐观包容、友善公益，这既是天府历史发展的产物，是天府人历史智慧与历史经验的结晶，也源自当今时代最深刻的需要，是当代天府成都人传承和创建现代天府文明的努力方向。这四个特征都有它的渊源、文脉基因和历史底蕴：

第一个特征"创新创造"是指精神内核。今天的创新创造同历史上的"非常精神"是一脉相承的。早在汉代，巴蜀第一位"天下文宗"司马相如就总结出巴蜀父老具有"非常之人做非常之事成非常之功"的"非凡"精神，用今天的话讲就是巴蜀培育出了许多善于创新创造的人才。对这种精神，司马相如给它总结了三大内涵：一是"苞括宇宙，总览人物"的宇宙思维和世界眼光。二是"控引天地"，要有在天地之间自由翱翔、探索宇宙奥秘的浪漫主义梦想精神。三是"错综古今"，善于把古老文明与今天的生活交错、综合、融会，这需要将高超的文化想象力与理念思辨力相结合。司马相如的这些概括，既是对三星堆古蜀人羽化成仙、翱翔宇宙的创造精神的提炼，又启迪了相如之后2000余年蜀人生生不息的浪漫主义文学传统。

第二个特征"优雅时尚"是指天府文化的生活美学与诗意风尚，是创新创造精神指导下的生活方式，也是指天府文化时代价值的生活体验。"优雅"，早在文翁化蜀以后成都就是"好文雅""以文辞显于世""文章冠天下"，出的文坛领袖很多的城市,不仅知识精英追求优雅,即使是城乡居民也以耕读传家为荣耀,以崇时尚、优品质的生活美学价值追求为风尚。

第三个特征"乐观包容"是指天府人的器识胸怀具有乐观开放与和谐包容的特点。它以古蜀人历来信奉的"中庸和谐,乐莫大焉"的理念为哲理基础。它的本质是"怡人文化"。《中庸》讲:"诚者,天之道也。诚之者,人之道也。""反身而诚,乐莫大焉。""诚者"是对天地能包容万物的自然规律的认识和信仰。"诚之者",是指能遵循自然发展规律,并能笃信奉行。有了"诚"的信念并加以"诚之"实践,就可以尽性知天,获得怡人怡己、"乐莫大焉"的最大快乐。

第四个特征"友善公益"是指天府人的情商操守。"友善"是情商,"公益"是品质操守。我们知道,天府文化的学术内核是蜀学。蜀学的本质特征是重今文经学,就是重经世致用,通经济世,公忠体国,友爱善良。诸葛亮、杜甫、苏轼、刘沅、尹昌龄等人就是这方面的典范,他们都是天府文化养育出来的优秀践行者。

如何做一个美好的成都人?这就要从上述精神内核、生活方式、器识胸怀、情商操守四大方面入手,既善于传承古代天府人的精神薪火,又善于开拓创新。孙中山曾赞扬天府人才"惟蜀有才,奇俊瑰落","奇俊"是才智,"瑰落"是品格。德才兼备,以明德引领风尚,以才智报效祖国,是天府文化孕育出来的蜀中人才的传统。今天的成都作为天府文化再次辉煌的首选地和首发地,凭借深厚的历史文化优势与优越的地理环境,定能实现建设新型"三城三都",创建新型世界文化名城的奋斗目标,培育出更多天府文化的合格传承人、新天府文化的优秀建设者。

呈现在读者面前的这套"天府文化系列丛书"就是为阐释成体系、有系统、有特色、有魅力的天府文化，增强对本土文化保持自信的热力，而由成都市社科院精心筹划、深入研究、建立平台、严格挑选出来的。它对于聚集天府文化研究队伍，组织协调海内外研究力量，推动人文与科学的跨学科研究，培育巴蜀文化名家，推出天府精品力作，讲好成都故事，传播成都声音，让人文成都、社科成都勇立时代潮头，开启天府文化新征程，必将起到它应有的作用。作为本丛书的第一读者，我被该丛书的魅力所吸引，为使众多读者能更深刻地认识和理解本丛书的编纂宗旨，领会编者的良苦用心，我谨以个人对天府文化学术体系、概念体系和话语体系的粗浅认识，加上我对这套丛书的粗浅体会，作为序言，以示祝贺、祝福和期望。同时对编者、作者、组织者深表谢意。

谭继和

2021 年 4 月 15 日

天府文化系列丛书编纂说明

成都市第十三次党代会提出"传承巴蜀文明,发展天府文化,努力建设世界文化名城",让天府文化成为彰显成都魅力的一面旗帜。发展"创新创造、优雅时尚、乐观包容、友善公益"的天府文化,让人文成都别样精彩!

2018年6月,四川省社科联主席杨泉明教授率队来成都市社科联视察调研,提出让我联深入研究天府文化,组织力量编纂天府文化系列丛书的殷切希望。在四川省社科联的关心和指导下,成都市社科联贯彻落实市委第十三次党代会精神以及世界文化名城建设大会精神,创新组织方式,利用成都研究院的新型智库平台,广泛汲取国内外社科界力量,组织各领域研究者,培育巴蜀文化名家,力争推出天府文化精品力作,讲好成都故事,传播成都声音。丛书编纂工作组上下齐心、通力合作,历时三年,终于将天府文化系列丛书奉献到读者面前。

本丛书以习近平新时代中国特色社会主义思想为指引,力推天府文化的创造性转化、创新性发展,是加快建设践行新发展理念的公园城市示范区的重大文化工程。丛书从文化交流与传承的视角,在历史、现实、未来三个层面,探寻成都悠久的历史文化积淀,以及独具人文魅力的地域文化特征。对于弘扬中华文明,传承巴蜀文明,发展天府文化,具有深远的历史意义。丛书涉及经济、教育、历史、文化、水利、农业、手工业等多学科领域。在严谨务实的基础上,丛书作者们充分考虑当代大众特别是青少年的阅读习惯，创新写作方式，在确保学术质量和注重社会效益的前提下，努力提升可读性、趣味性和通俗性，做到文字生动、图文并茂，并特别推出了符合青少年读者审美的动漫绘本。丛书还涉及中、英、韩三种语言，既有外国学者用中文描述成都，又有中国学者用英文介绍成都，注重国际传播效果，在一定程度上满足了国外读者的阅读需求，为天府文化走向世界搭建了桥梁。

丛书得以顺利出版，要感谢四川大学出版社的大力支持，以及多位编辑老师的辛苦付出。丛书的组织编纂是成都市社科联围绕天府文化研究进行的探索性实践，难免存在疏误，恳请读者谅解指正。未来我们将会进一步总结经验、增强力量、深化研究，为推动天府文化的繁荣发展做出应有的贡献。

天府文化系列丛书编务组
2021年3月

本书序言

"九天开出一成都,万户千门入画图。"被誉为"天府之国"的成都,是古蜀文明的发祥地,更是一座建城两千多年城址不变、城名不变的独具魅力、历史悠久的城市,数千年岁月和文明都积淀在这片美丽而又神奇的土地之上,孕育出独一无二的古老之都、诗意之都、时尚之都、友善之都和创新之都,常常让人流连忘返、倍感亲切。为了让更多的读者特别是青少年读者更好地了解成都的历史、文化、社会生活,热爱天府文化,传承与发展天府文化,我们在成都市社科院的大力支持下特地编写了这一套5本的《天府文化系列漫画》,力图用通俗易懂、图文并茂的动漫艺术表达形式,生动鲜活地展现天府文化"创新创造、优雅时尚、乐观包容、友善公益"的内涵。

"锦江春色来天地,玉垒浮云变古今。"《创新创造智成都》,创新引领。成都在"安逸"的外表下却保有一颗积极向上的"雄心",是一座敢为人先、极具开拓精神的都市。从三星堆遗址到金沙遗址,从都江堰到世界最早的纸币"交子",成都人的创新精神和创造智慧令世人惊叹,成都历史上闪耀着众多的"全国第一""世界之最":是世界上最早开采利用天然气的地区,拥有世界上最早的无坝自流灌溉水利工程、中国历史上第一所官办地方学校、中国最早的地方志、国内现存最早的雕版印刷品、世界上最早的纸币等等。正是成都人的不断开拓创新,才成就了这座城市几千年来的持续繁荣。今天，成都更是继承和发扬了历史上的开拓创新精神，并以此为推动城市发展的不懈动力。

"喧然名都会，吹箫间笙簧。"《优雅时尚美成都》，人文荟萃。成都在历史发展进程中的不同历史时期，并未因"蜀道难"而故步自封，反而成为中华文化的同构体，呈现出天府文化的独特魅力。秦统一以后，得利于都江堰水利工程的灌溉，成都平原沃野千里，经济繁荣，逐渐发展成为中国古代闻名遐迩的"财利贡赋率天下三之一"的大都会，南方丝绸之路、北方丝绸之路和长江经济带的交会点，唐宋时期还赢得了"扬一益二"的美誉。经济富足，生活安逸的成都吸引了大量文人墨客远道而来，历史上如杜甫、白居易、李商隐、黄庭坚、陆游等诸多名家都与成都结下了不解之缘，他们或入蜀为官，或游历，或移居，出现了"自古诗人例到蜀"之奇观。在这座美丽的城市，文人墨客无一不眷念和咏赞"天府之国"，他们源源不断迸发出的灵感，在成就他们自己的同时也成就了成都大地千年的风华。

"成都富庶小巴黎，花会年年二月期。"《乐观包容暖成都》，乐观旷达。成都因为独特的盆地地理环境和悠久的移民文化形成了"安之逸之，适之豫之"的独特魅力。自秦惠文王"移秦民万家实之"，及"始皇克定六国，辄徙其豪侠于蜀"，四川历史上共有6次大移民，各地移民带来文化的大交流和大交融，形成了"风俗舛杂"的特色，涵养出和谐包容的城市精神内核。可以说，在成都，无论你来自何方，都能很快地被接受，很快地融入其社会生活之中。今天成都更是有200余家世界五百强企业入驻、近百条国际直飞航线，无不体现出这座城市开放包容的特质。这种独特的城市品质不仅为生活在这里的人们提供了乐观的生活态度与共同的心理认同，也为这座城市成长为国家中心城市和国际化大都市，创造了和谐温暖的社会环境。

"花径不曾缘客扫，蓬门今始为君开。"《友善公益爱成都》，大爱无疆。成都是一座有爱的城市。成都的魅力不仅在于风景如画，胜锦似绣，经济发达，特产众多，更重要的是这是一座温情有爱的城市。友善是我们对他人保持开放、尊重、承认和爱的心态，更是通过慈善、志愿服务等实际行动来积极帮助他人的行动。从"李冰父子治水"到"文翁兴学"，从东坡"不忘为国家虑"一生为民到李劼人资助客居成都的进步作家等等，成都历史上有许多先贤们把这种优秀的道德品质内化于心、外化于行，使得与人为善的种子植根在天府文化的优秀传统之中，也使成都成为一座友善之都。

"草树云山如锦绣，秦川得及此间无。"《物华天宝古成都》，钟灵毓秀。占地276万平方米的中国第三大史前古城——宝墩古城群、出土神秘莫测纵目面具的三星堆遗址、充满奇幻色彩的太阳神鸟金沙遗址、中国乃至世界上发现的最大的船棺等，无不展现了蚕丛、柏灌、鱼凫、杜宇、开明等在成都建立早期国家的历史面貌，呈现了成都悠久的历史和文明发展脉络，证明成都具有深厚的城市文化传统根基，是中华文明的重要发源地之一。

厚积而薄发，居高以谋远。在中华民族伟大复兴的进程中，站在新的历史起点上，把成都建设成为国家中心城市和世界文化名城已经是这座古老而又充满活力的历史文化名城新的发展目标，这既是对厚重悠长的传统文化的延续，又是对现代文化的弘扬与创新。但愿此书的问世能够为之起到助推作用。

了解天府文化的前世今生，爱成都，请读此书。

刘兴全
2021年3月

目录

第一话　石室十三经，蜀学永延绵……………………………1

第二话　天下交子，扬一益二………………………… 17

第三话　厚植文化基因，中国文创第三城正崛起………… 33

第四话　世界一流高科技园，国际创新创造中心新发展… 49

第五话　凿石穿山，水利工程………………………… 65

"绘"天府　"智"成都

创新创造智成都

第一话

石室十三经,蜀学永延绵

石室中学　　　　　　蜀石经

成都有一所著名的中学，叫石室中学，其中保存着国宝级的石刻"蜀石经"。

哇！这所中学里还有这么珍贵的宝贝呢！

文翁讲学图

临摹石刻

那石刻又是怎么回事?

汉代石刻画像中有文翁讲学图,五代时的后蜀君主孟昶下令将文翁石室的教材"十三经"刻在石碑上供学生学习。

石室十三经

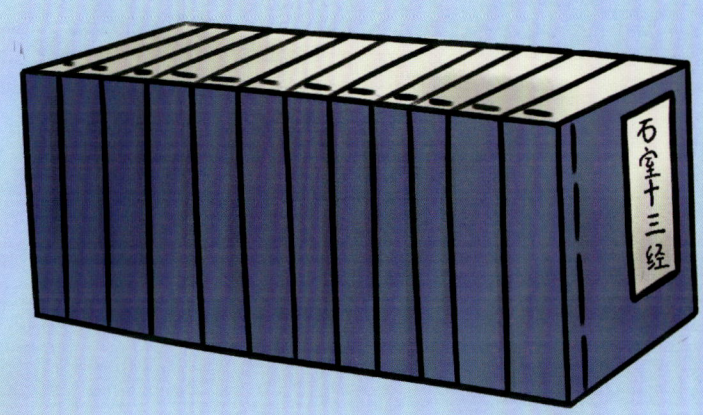

"十三经"是什么?

"十三经",南宋形成的十三部儒家经典,包括《周易》《尚书》《诗经》《周礼》《仪礼》等。因为历代将它们尊为儒家经典,故称为"经"。蜀石经中有十三部石经,刻于成都府学文翁石室,所以又号称"石室十三经"。

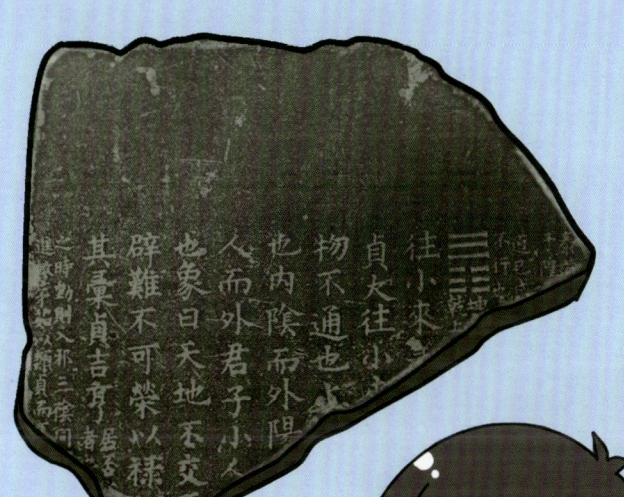

蜀石经残片

蜀石经采用初唐书法大家欧阳询和虞世南的书法体，共刻有一千多块石碑，其规模之大，堪称历代石经之冠。

这种异代同工的刻经过程，可以说是史无前例呀！

蜀石经为文近20万言，在历代石经中历时最长，断断续续绵延了230余年，贯穿4个朝代。

真是一个浩大的工程啊！

篆刻石碑

晁公武

这么精致丰富的作品，一定有不少文人墨客关注吧？

是啊，当时的石经除了对外展示外，还广为拓印流行，晁公武《郡斋读书志》、曾宏父《石刻铺叙》、赵希弁《郡斋读书附志》中都有著录。晁公武还对"蜀石经"进行校勘，撰有《石经考异》一书。

第二话

天下交子，扬一益二

交子

世界上最早的纸币是什么呢？

中国最早的纸币是交子，最早发行于北宋前期，最早出现于四川成都，也是世界上最早使用的纸币。

交子？

"交子"这个词字面上有交合之意，也就是"合券取钱"。

天府笔记

交子兑现时每贯须扣除30钱。交子铺最重要的意义是开民间金融之先声。

那么交子储存交易的地方叫什么呢?

叫"交子铺"。北宋初年,四川成都的16户富商为统一交子的印造发行、金属货币与交子的兑换业务,同时帮助不便携带巨款的商人保管货币,开设了"交子铺"。

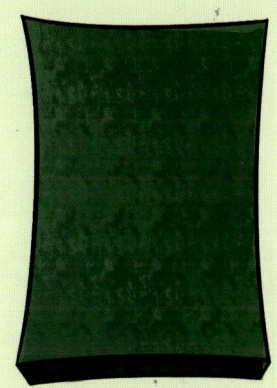

交子印制雕版

交子是用什么做的呢?

是用雕板印制而成的。制作人员每年在丝蚕米麦将熟之时,用同一色纸印制交子。

交子真方便啊!

哈哈,是啊!不仅如此,后来交子铺户在经营中发现,只动用部分存款,并不会危及信誉,于是他们便开始印刷发行有统一面额和格式的交子,作为一种新的流通手段。

原来交子的"成长之路"是这样的。

天府笔记

正是这些新发展,才使得"交子"逐渐具备了信用货币的特性,成为真正的纸币。

交子

南宋发行交子总面额近 14 亿贯。

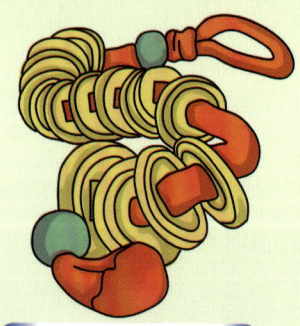

一贯铜钱

纸币的产生某种程度上是经济发达的象征，我想交子在当时一定也见证了社会经济的活跃。

是呢，在南宋 152 年的历史中，使用纸币的时间超过 100 年。

造纸技术

印刷技术

当时发达的城市那么多，为什么交子却出现在四川成都呢？

世界上第一张纸币交子之所以出现在宋代时期的四川，是因为当时四川成都地区商品经济繁荣，造纸术、雕版印刷术较为成熟，还有就是咱们四川人的智慧。

别看交子小，它可是四川成都地区经济繁荣和四川人创新创造精神的体现呢！

第三话

厚植文化基因，中国文创第三城正崛起

成都拥有大约4500年的文明史，2300多年的建城史，文化底蕴可以说是十分深厚了。

这座"千年古城""休闲之都"聚集了三星堆文化、金沙文化、三国文化、大熊猫文化、川剧文化等元素，我觉得可迷人了。

成都可是享誉世界的文化名城啊！

这是因为成都的文创资源具有得天独厚的优势，被认定的首批文创产业园区共31个，个个都独具魅力！

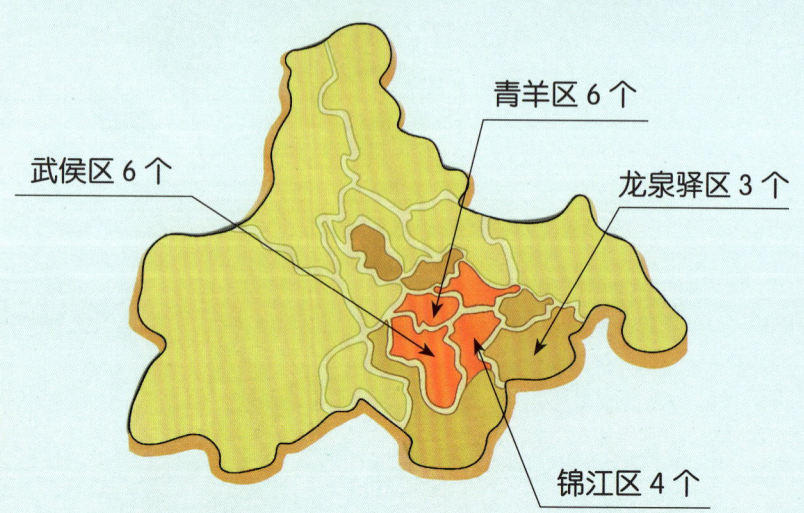

青羊区 6 个
武侯区 6 个
龙泉驿区 3 个
锦江区 4 个

这些文创园区都分布在哪里呢?

这些文创园区涵盖了成都 14 个区县,青羊区和武侯区各有 6 个园区上榜,锦江区有 4 个,龙泉驿区有 3 个,邛崃有 2 个,其他 10 个区县各有一个上榜。

我们先从青羊区开始。青羊区拥有成都市70%的文博旅游资源，也是成都打造西部文创中心和建设世界文化名城的主战场。首批上榜的文创园区有6个，位居全市第一。

青羊区真是成都的文创主力呀！

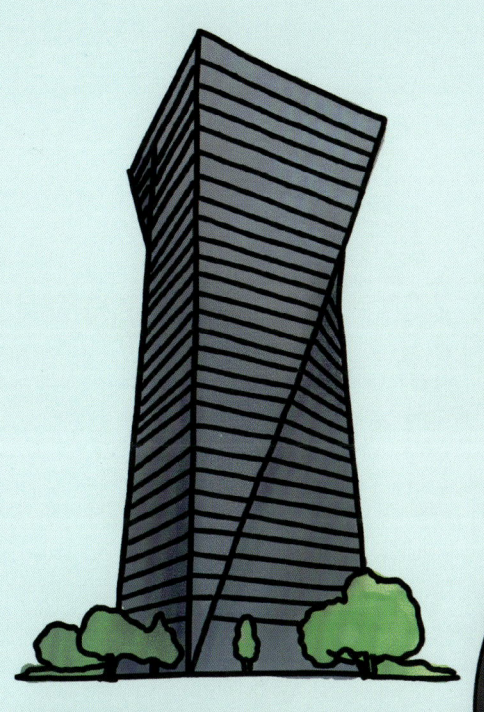

少城视井文创产业园区建在四川电视台旧址上，占地面积约14亩，建筑面积近2万平方米。

喔，好厉害呀！

这个我喜欢!

它作为"少城国际文创硅谷集聚区"的核心,以影视、音乐、数字娱乐为产业定位,以开放、共享、时尚、乐活为运营理念,着力构建"既留住记忆,又激发创意"的园区氛围,打造"老成都底片,新都市会客厅"的园区品牌。

怪不得这里看上去舒适优雅，艺术气息很浓厚呢！

这里有200多位艺术大师的油画、雕塑、书画和摄影作品，是一片可以自由表达各种艺术主张的艺术天地。

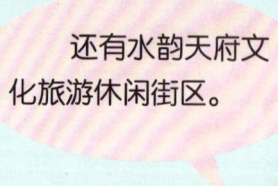

还有水韵天府文化旅游休闲街区。

它有什么特别的吗?

这个文化街区在武侯区江安河生态带,由原来老旧的城中村拆迁改造而成,以"公园+"概念打造,一期工程占地约260亩,园区以绿地和亲水景观为主。

那你就可以带我漫步亲水平台,领略传说中的"金花映月"啦!可真浪漫。

天府笔记

东郊记忆是在原红光电子管厂旧址上建立起来的,是一个多元文化园区,"修旧如旧,旧房新用"是东郊记忆建筑的主要特色。传统艺术与当代艺术、本土文化与外来文化、简洁的创作空间与轻松时尚的消费空间汇聚在一起,共生共存,形成了成都最富特色和活力的社区。

你喜欢音乐吗?

当然,怎么了?

那我给你推荐东郊记忆音乐公园。这里囊括了数字音乐、新媒体、展览演艺、创意设计、教育培训、酒店餐饮、购物零售、娱乐体验等10余种文化创意产业门类。

腾讯众创空间（成都）

粉子姐，现在中国大力鼓励支持创新创业，有以创新为主题的园区吗？

当然有，腾讯西部创新创业中心，也叫腾讯众创空间（成都）就是一个创新创业示范中心，位于腾讯大厦B座，共6层，建筑面积2万平方米，里面可容纳100个团队，这是为西部创业者打造的一座高端大气的产业园。

天府笔记

腾讯西部创新创业中心园区内配有能同时容纳200人的路演中心，VIP茶社、咖啡休闲区、12间公共会议室、公共洽谈区以及空中花园，并配置有1G+高速网络，环境非常优越。

第四话

世界一流高科技园，国际创新创造中心新发展

国家火炬计划
重点高新技术企业

在成都所有的区县中,高新区似乎还挺"年轻"呢!

是的!成都高新技术产业开发区简称成都高新区,1991年正式获批为全国首批国家级高新区。

天府笔记

1991年,以建设国家高新区为重要内容的火炬计划正式实施,成都高新技术产业开发区就是在这样的背景下开始筹建的。

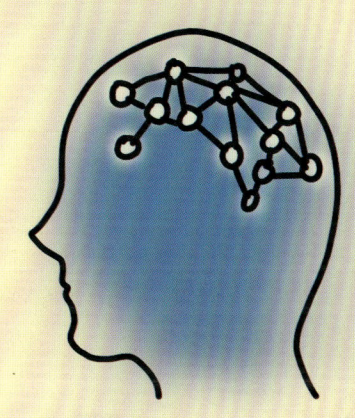

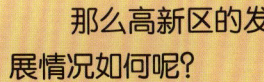
那么高新区的发展情况如何呢?

获批成立以来,成都高新区被科技部确定为全国创建"世界一流高科技园区"试点园区之一,经国务院批准成为西部首个国家自主创新示范区。

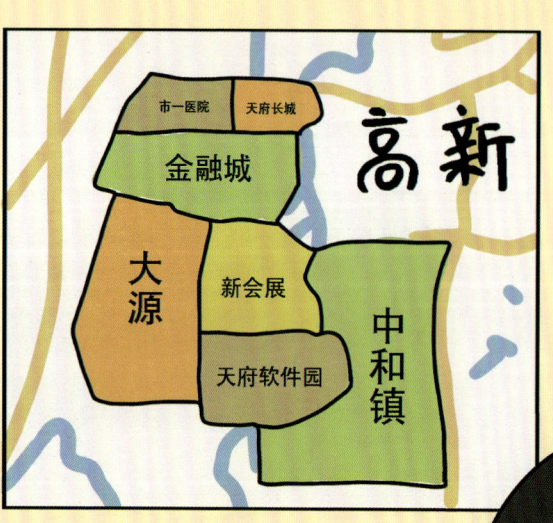

也是多亏了国家政策的支持呀!

从2.5平方公里到如今托管面积达613平方公里,并形成四大产业主体功能区,高新区在发展进程中一直坚持改革的精神,这才使得它的创新活力始终保持在较高水平。

目前，成都高新区已入驻各类企业约 11.5 万户，累计注册资本（金）约 11.9 万亿元，外商投资企业和高新技术企业均超过 1000 家。

真不错！

天府笔记

成都市加快推动创新驱动发展，建成创新平台 85 个，吸引高新技术企业 2472 家，创造高新技术产业产值 9374.77 亿元，这几项数据均居中西部前列。

XGIMI 极米   Tap4fun   天象互动

Camera360

货车帮

麦子学院

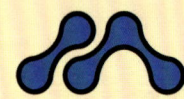   医联

 咕咚

TestBird

狮子吼

在天府软件园诞生了许多知名的创业公司，如极米、医联、咕咚等成功融资C轮的企业，还包括物流QQ（货车帮）、Tap4fun等众多科技领军企业。可以说，天府软件园是成都最适宜新经济成长的城市缩影。

这里也为成都新经济领域的发展和创新贡献了巨大力量，孵化了未来的"独角兽"。

除了高新区天府软件园,听说还有电子科大科技园(天府园)、京东云创新空间(郫都区)等创新园区。

是嘞!

成都还聚集了电子10所、29所、30所，成都飞机设计研究所，四川航天技术研究院等军工科研院所，拥有较强的技术创新能力。

听起来真酷！

成都是个搞科研的好地方啊!

技术有了,人才有了,成都的科技发展想来也不差。

诺贝尔奖

统计显示,2012 至 2017 年,成都国家级工程实验室、国家企业技术中心分别增加了 2 家、13 家,获得国家级科技奖励 113 项,引进诺贝尔奖获奖团队 6 个,全社会研发投入年均增长 13.5%,每万人发明专利拥有量年均增长 18%,新增科技型企业 5.25 万家。

除了科技领域在不断创新，成都还有新希望集团、蚂蚁搬家这样的知名老企业在紧跟时代，既保持了原有的业务能力，也在积极转变，开拓发展新经济。

这才是真正的企业精神。

文化领域更不用说了，四川科技馆于2006年11月2日正式开馆，位于成都市中心天府广场北侧。

这也得益于成都得天独厚的人才资源和科技资源。

天府笔记

四川科技馆总建筑面积达41800平方米，设有4D影院，都江堰、二滩与九寨黄龙、航空航天、机器人、虚拟世界、信息社会、数学、青少年科技园、疯狂科学秀、机器人工作室等20个展区，共有600余件展品，集科学性、知识性、趣味性、参与性和艺术性于一体，借助声、光、电等现代化展示手段，为公众提供丰富多彩的科普临展和活动，向公众宣传推广科学知识。

第五话

凿石穿山,水利工程

天府笔记

都江堰位于岷江由山谷河道进入冲积平原的地方，它灌溉着灌县以东成都平原上的万顷农田。

岷江上游流经地势陡峻的万山千壑，一到成都平原水速突然减慢，因而夹带的大量泥沙和岩石随即沉积下来，淤塞了河道。每年雨季到来时，岷江和其它支流水势骤涨，往往泛滥成灾；雨水不足时，又会发生旱灾。在都江堰修成之前，古蜀国杜宇王以开明为相，在岷江出山处开凿了一条人工河流，分岷江水流入沱江，以除水害。公元前256年，战国时期秦国蜀郡太守李冰率众修建了都江堰水利工程。

都江堰水利工程位于四川成都平原西部都江堰市西侧的岷江上。这个工程至今依旧在灌溉田畴，以年代久、无坝引水为特征，是造福人民的伟大水利工程，也是世界水利文化的鼻祖。不过最伟大之处还在于它的经久不衰，建成2200多年依旧功效如初，而且发挥着愈来愈大的作用。

李冰父子

你知道吗？其实，都江堰在不同的时期有不同的名字：最早的时候叫"湔堋"，三国的时候叫"都安堰"，宋代以后才叫"都江堰"。

那我可要好好记一下了。

天府笔记

秦蜀郡太守李冰建堰初期，都江堰被称为"湔堋"，这是因为都江堰旁的玉垒山秦汉以前叫"湔山"，而那时都江堰周围的主要居住民族是氐羌人，他们把堰叫作"堋"，所以就把都江堰就叫作"湔堋"。

三国蜀汉时期，都江堰地区设置都安县，因县得名，都江堰称"都安堰"，同时又叫"金堤"，这是突出鱼嘴分水堤的作用，用堤代堰作名称。

唐代时都江堰改称为"楗尾堰"。因为当时用以筑堤的材料和办法，主要是"破竹为笼……以石实中，累而壅水"，即用竹笼装石垒成堰体，称为"楗尾"。

在宋史中才第一次提到都江堰："永康军岁治都江堰，笼石蛇决江遏水，以灌数郡田。"《括地志》中有言："都江即成都江。"从宋代开始，把整个都江堰水利系统的工程概括起来叫都江堰，才较为准确地代表了整个水利工程系统，一直沿用至今。

都江堰这么伟大，那么它的设计理念是什么？

它是中国古人在"道法自然"思想指导之下，遵循"乘势利导、因时制宜"的治水方法，在岷江水系自然走向的基础上设计的。

西北高

东南低

都江堰地形

天府笔记

都江堰水利工程充分利用当地西北高、东南低的地理条件，根据江河出山口处特殊的地形、水脉、水势，因势利导，无坝引水，自流灌溉，使堤防、分水、泄洪、排沙、控流相互依存，共为体系，保证了防洪、灌溉、水运和社会用水综合效益的充分发挥。

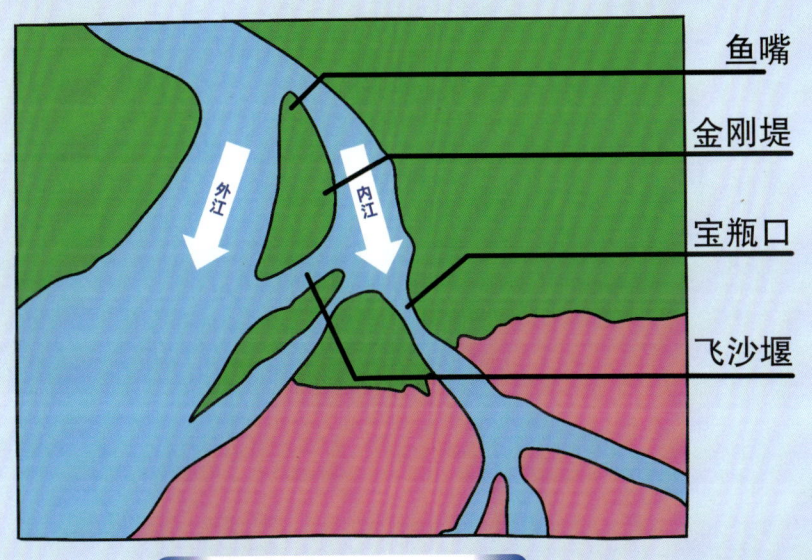

都江堰水利工程图

都江堰水利工程的结构都有哪些？

这项工程主要由鱼嘴分水堤、飞沙堰泄洪道、宝瓶口进水口三大部分和百丈堤、人字堤等附属工程构成，具有"分四六，平潦旱"的功效。

老先生,你有什么治水的好方法吗?

如果能打通这座山就好了。

两千年以前的古人要修建一个这么浩大的工程,他们是怎么做到的呢?

李冰父子邀集了许多有治水经验的农民,对地形和水情进行了实地勘察,决心凿穿玉垒山引水,使平原农田水旱无忧。

李冰

他们真是太了不起啦!

天府笔记

在古时生产技术落后、没有炸药的情况下,李冰父子根据热胀冷缩的原理,用柴薪将山石烧烫,再浇冷水使岩石一层层松裂,硬是劈开一个山口,因其形似瓶口,故取名"宝瓶口",把开凿玉垒山分离的石堆叫"离堆"。

用柴薪将山石烧烫

浇冷水使山石松裂

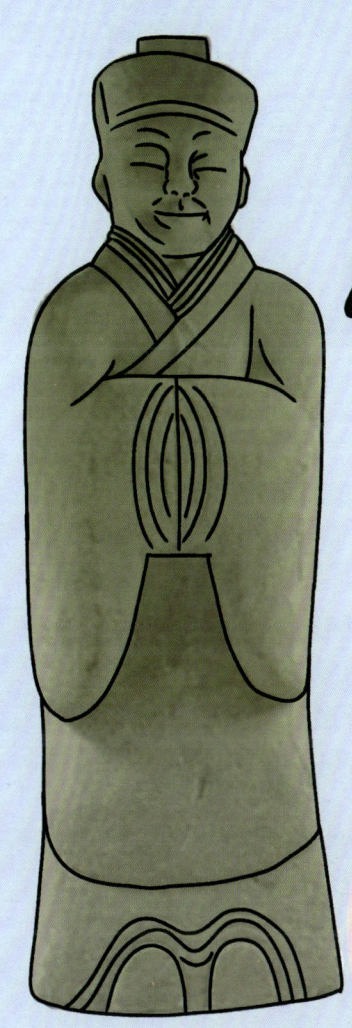

李冰石像

我很好奇,为什么与之兴建时间大致相同的古埃及和古巴比伦的灌溉系统,以及中国陕西的郑国渠和广西的灵渠,都因沧海变迁和时间的推移,或湮没、或失效,唯有都江堰至今还滋润着天府之国的万顷良田呢?

在整个筑堰治水工程中,李冰父子遵循"深淘滩,低作堰"的方针,在堰中埋有石马、石人作为淘滩的水文标志,每年岁修的制度以及历代人民的治水经验,有效保证了整个工程历经2200多年仍能发挥重要作用。

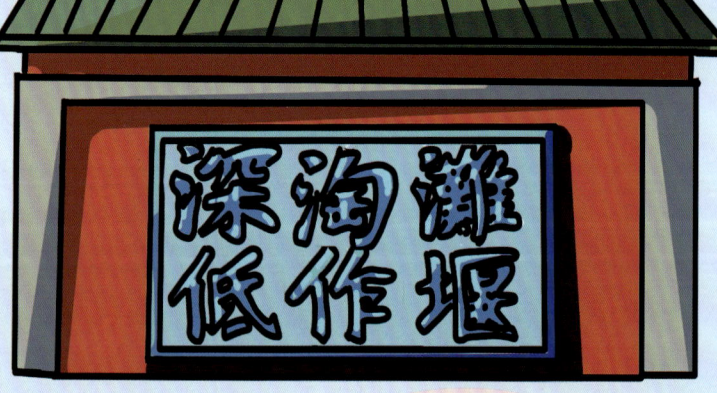

"深淘滩,低作堰"是什么意思啊?

古代竹笼结构的堰体在岷江急流冲击之下并不稳固,尽管内江河道有排沙机制,仍不能避免淤积,因此需要定期对都江堰进行整修,深淘河道,淘滩深度以挖到埋设在滩底的石马为准,堰体高度以与对岸岩壁上的水则相齐为准。

天府笔记

明代以后则使用卧铁代替石马作为淘滩深度的标志。现在位于宝瓶口左岸边存留的四根一丈长的卧铁,分别铸造于明万历三年(1575年)、清同治三年(1864年)、1927年和都江堰建堰2250周年的1994年。

李希霍芬

"都江堰灌溉方法之完善，世界各地无与伦比！"

难怪德国地理学家李希霍芬称赞"都江堰灌溉方法之完善，世界各地无与伦比"。

可以说李冰父子所创建的都江堰是一个科学、完整、极富发展潜力的庞大的水利工程体系，是巧夺天工、造福当代、惠泽未来的水利工程，是区域水利网络化的典范。

天府笔记

后来的灵渠、它山堰、渔梁坝、戴村坝等一批历史性工程中，都有都江堰的印记。2000多年前，都江堰取得了这样伟大的科学成就，世界绝无仅有，至今仍是世界水利工程的佳作。

马可·波罗

元世祖至元年间,意大利旅行家马可·波罗从陕西汉中骑马,行20余日抵成都,游览了都江堰,还专门记录了都江堰呢!

我在《马可·波罗游记》中看到过:"都江水系,川流甚急,川中多鱼,船舶往来甚众,运载商货,往来上下游。"

都江堰能有诸多荣誉，李冰父子功不可没。

李冰父子根治岷江水患，发展川西农业，造福成都平原。人们为了纪念李冰父子，为他们建了一座庙，称为二王庙。

李冰父子

天府笔记

相传农历六月二十四是二郎神生日，两日后为李冰生日，正值鸟语花香之时，受到都江堰恩泽的人们纷纷走出家门，来到二王庙焚香祭祀，怀念都江堰的缔造人李冰及李二郎。一直到现在，每年的二王庙庙会，庙内烟霞蒸腾，万人朝拜，歌舞表演、川剧变脸等绝活展示，热闹非凡。

放水节祭祀

听说每年清明时节，为了纪念李冰父子，祈求五谷丰登、国泰民安，都江堰市都会举行自公元978年开始的一年一度的放水节祭祀活动呢！

是啊，都江堰特有的风俗"清明放水节"庆典活动源于汉代的祭祀活动。

天府笔记

二王庙从古至今不但香火鼎盛，而且在历史上一直有官方主持的隆重祭祀活动，也有老百姓的民间祭祀活动。据史料记载，官方的祭祀活动正式颁定是在北宋开宝七年（974年），初定为每年祭祀一次，后改为每年春秋各祭一次。

天府笔记

神兽石犀长 3.3 米、宽 1.2 米、高 1.7 米，重约 8.5 吨，形状似犀，作站立状，躯干丰满壮实，四肢粗短，下颌及前肢躯干部雕刻卷云纹。《华阳国志·蜀志》中记载："秦孝文王以李冰为蜀守……作石犀五头，以厌水精。"

神兽石犀

有一件文物也和都江堰相关。2010 年 10 月，成都天府广场东北侧出土了一尊秦汉时期的神兽石犀，成为成都市博物馆的镇馆之宝。据考究，这座石犀可能与李冰治水有关，具有极高的考古研究和艺术价值。

真是太精彩了！

"绘"天府 "智"成都
优雅时尚美成都

刘兴全 主编

四川大学出版社
SICHUAN UNIVERSITY PRESS

项目策划：王 军　段悟吾　杨岳峰
特邀编辑：于 俊
责任编辑：张 晶
责任校对：张宇琛
封面设计：墨创文化
责任印制：王 炜

图书在版编目（CIP）数据

"绘"天府　"智"成都．优雅时尚美成都 / 刘兴全主编．— 成都：四川大学出版社，2021.8
（天府文化系列丛书）
ISBN 978-7-5690-4035-7

Ⅰ．①绘… Ⅱ．①刘… Ⅲ．①文化史－成都－通俗读物 Ⅳ．① K297.11-49

中国版本图书馆 CIP 数据核字（2020）第 254369 号

书　名	"绘"天府　"智"成都　优雅时尚美成都 "HUI" TIANFU "ZHI" CHENGDU　YOUYA SHISHANG MEI CHENGDU
主　　编	刘兴全
出　　版	四川大学出版社
地　　址	成都市一环路南一段24号（610065）
发　　行	四川大学出版社
书　　号	ISBN 978-7-5690-4035-7
印前制作	墨创文化
印　　刷	四川盛图彩色印刷有限公司
成品尺寸	190mm×200mm
印　　张	18
字　　数	281千字
版　　次	2021年8月第1版
印　　次	2021年8月第1次印刷
定　　价	88.00元（全5册）

◆ 读者邮购本书，请与本社发行科联系。
　 电话：（028）85408408/
　 （028）85401670/（028）86408023
　 邮政编码：610065

◆ 本社图书如有印装质量问题，请寄回出版社调换。

◆ 网址：http://press.scu.edu.cn

四川大学出版社
微信公众号

版权所有　侵权必究

目录

第一话 川菜之美——火锅串串 ·· 1

第二话 时尚之美——远洋太古里 ·· 19

第三话 画意之美——墨香千载 ·· 33

第四话 诗词之美——文才辈出 ·· 49

第五话 音乐之美——余音绕梁 ·· 65

"绘"天府 "智"成都
优雅时尚美成都

第一话

川菜之美——火锅串串

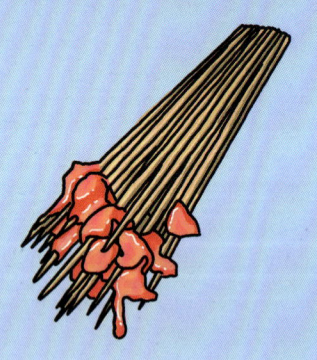
串串香

火锅

粉子姐今天带我品尝一下成都的美食吧！光是想到麻辣鲜香的成都美食，都让人忍不住要流口水啦！

哈哈，没问题！说起成都的美食，首推串串香和火锅，那可是遍布成都大街小巷的美味啊！

好吃的串串香哦!

街边串串

20世纪80年代的时候,小商贩煮一锅麻辣调料,将荤菜和素菜分别用竹签穿上,用自行车驮上蜂窝煤炉子,到街边叫卖,有顾客时,将菜放入锅中煮熟卖出,方便又省事。

我很好奇,为什么串串要一串一串地卖呢?

 **天府笔记**

这种串串摆在路边的人行道上,成都方言称"街边"为"街沿边边"。

串串香调料

串串的锅底料十分丰富,有辣椒、花椒、牛油、清油等,还有各种滋补的中药。

吃串串还得配上特别的调料碟,有油碟、干辣椒碟等,蘸着吃麻辣鲜香……

哇,太诱人啦!

天府美食中可以与串串香相媲美的还有火锅。

真想知道是谁发明的火锅,他可太会享受了。

火锅

铜鼎

天府笔记

关于火锅的起源,目前主要有两种说法:一种说法是起源于战国时期,那时的"铜鼎"就是火锅的前身;另一种说法是始于汉代,出土文物中的"斗"就指火锅。依此推断下来,火锅在我国至少已有2000多年的历史了。早在1700多年前,左思的《三都赋》中就有关于火锅的记录。

天府笔记

唐朝白居易的《问刘十九》云:"绿蚁新醅酒,红泥小火炉。晚来天欲雪,能饮一杯无?"这首诗就惟妙惟肖地描述了时人吃火锅的情景。

火锅为什么叫"火锅"呢?

古代称火锅为"古董羹",因投料入沸水时发出的"咕咚"声而得名。火锅种类众多,百锅千味,还蕴含不少饮食文化。

到了清朝末期，火锅在全国已形成了几十种不同的种类且各具特色。14世纪火锅从中国传入日本，日本称火锅为"锄烧"。如今火锅还传到美国、法国、英国等国家，可受欢迎了。

日本火锅菜品

现在火锅可是风靡全世界呢！我和我的好朋友们都喜欢。

成都火锅自有一番风味，别处恐怕享受不到啊！成都火锅品种繁多，有鱼火锅、兔火锅、毛肚火锅、美蛙火锅、鳝鱼火锅、海鲜火锅等。

成都人吃火锅的时候还喜欢听评书、听川剧。

哎呦！怎么这么会享受呢！

川剧变脸

便携火锅

所以说啊，成都火锅的独特滋味在外地是享受不到的。成都人在外出差旅行返回成都的第一顿饭那必须是日思夜想的火锅。现在人们还发明了便携火锅，方便送给亲友或外出携带。

成都美食除了串串香、火锅，还有回锅肉、酸辣豆花、肥肠粉、钟水饺、龙抄手、烤鱼、烤猪蹄、烤脑花、三大炮、烤乳鸽、钵钵鸡、麻婆豆腐、担担面、夫妻肺片、红星兔丁、糖油果子等。成都堪称美食王国。

我的肚子怕是不够用了。

武侯祠

天府笔记

唐代李商隐《筹笔驿》中说："他年锦里经祠庙，梁父吟成恨有余。"

锦里占地 30000 余平方米，建筑面积 14000 余平方米，街道全长 550 米。

粉子姐，我一直挺想知道，"锦里"这个名称是怎么来的？

锦里是成都武侯祠博物馆的一部分。这个名称源自蜀锦。《华阳国志·蜀志》载：成都城南夷里桥南岸，"其道西城，故锦官也。锦工织锦濯其江中则鲜明，濯他江则不好，故命曰锦里也"。

我就说嘛，锦里怎么逛也逛不完。

要知道,大名鼎鼎的锦里曾是西蜀历史上最具商业气息的街道之一哦!

哈哈,我是看得眼花缭乱,吃得肚子圆滚滚啦!

天府笔记

早在秦汉、三国时期,锦里便闻名全国,今天的锦里依托武侯祠,以秦汉、三国精神为魂,明清风貌作表,川西民风民俗为内容,集旅游购物、休闲娱乐等功能于一体。这条街浓缩了成都生活的精华,有茶楼、客栈、酒楼、酒吧、戏台,风味小吃、工艺品、土特产等。

锦里开放的时间也不算很长，2004年10月正式对外开放，自那之后，"拜武侯，泡锦里"便成为成都旅游最具号召力的口号之一。

荣誉不少啊，怪不得锦里人气这么高。

天府笔记

2005年，锦里被评选为"全国十大城市商业步行街"之一，与北京王府井、武汉江汉路、重庆解放碑、天津和平路等老牌知名街市齐名，号称"西蜀第一街"，锦里的市民境况被誉为"成都版清明上河图"。2006年，锦里又被文化部授予"国家文化产业示范基地"称号。

宽窄巷子是成都遗留下来的较成规模的清朝古街道，与大慈寺、文殊院并称为"成都三大历史文化名城保护街区"。

宽窄巷子实在是太漂亮了，我特别喜欢这里悠闲的生活气息。

天府笔记

宽窄巷子是成都休闲都市、市井生活的最佳体现。从清朝时期的八旗子弟提笼架鸟、莳花弄草，到民国时期达官贵人觥筹交错、大宴宾朋，再到如今文人游客一杯清茶、一把竹椅品味生活，宽窄巷子已经成为典型成都生活的写照。

宽窄巷子

天府笔记

宽窄巷子是全国几十个重要城市中满城制度保存最为完整的一处，完整体现了清朝满城近300年的历史演变。康熙五十七年(1718年)准噶尔之乱平定后，千余兵丁驻守成都，在当年少城的基础上修筑了满城。清朝时，住在满城的只有满蒙八旗，清朝统治结束之后，满城不再是禁区，百姓可以自由出入，一些外地商人乘机在满城附近开起了典当铺，大量收购旗人家产，形成了旗人后裔、达官贵人、贩夫走卒同住满城的独特格局。此时宽巷子名叫兴仁胡同，窄巷子名叫太平胡同，井巷子名叫如意胡同。

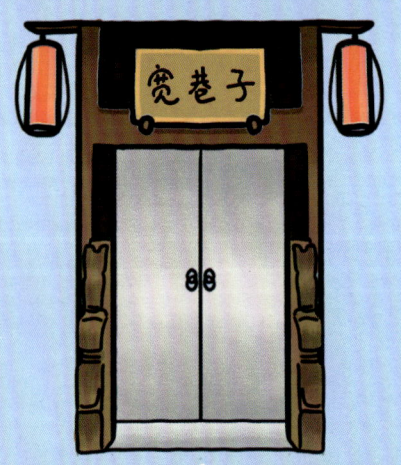

宽窄巷子的历史一定也很悠久吧？

要说什么地方最能体会到成都原汁原味的休闲生活方式，那就数宽窄巷子啦！在这里能触摸到历史遗留下的痕迹，走进宽窄巷子，就走进了最成都、最世界、最古老、最时尚的老成都世界。

我看旅游攻略时发现，宽窄巷子由宽巷子、窄巷子和井巷子街道组成，很有特色。

民国初年，城市管理者发文，要求将"胡同"改为"巷子"。据说在1948年的一次城市勘测中，工作人员测量后随手将宽一点的巷子标注为"宽巷子"，窄一点的那条就是"窄巷子"，有井的那一条就是"井巷子"，这就是宽窄巷子名称的来由。

天府笔记

宽窄巷子是老成都"千年少城"城市格局和百年原真建筑格局的最后遗存，也是北方胡同文化和建筑风格在南方的"孤本"。这条清代街区记录了老成都的沧桑历史，其建筑风格兼具川西民居与北方四合院的特点。20世纪80年代，宽窄巷子被列入《成都历史文化名城保护规划》。

第二话

时尚之美——远洋太古里

太古里

春熙路

粉子姐，我发现太古里是成都的时尚风向标啊，这里有很多潮流新事儿。

天府笔记

太古里紧挨着千年古寺大慈寺，可以说是"入则青灯古刹，出则红尘万丈"，厚重的历史与新兴的文化碰撞交融，让太古里有了别具一格的时尚氛围。

太古里是最能集中展现成都年轻时尚氛围的区域，它与成都传统商业街区春熙路相邻，尽享交通和人流优势。

"太古里"这个名字听上去更像是小街小巷,一座城市的时尚汇聚地为什么会用这个名字呢?

这可是独属成都的小心机。你理解对了,"里"字意思是"街巷","太古"据说来自外国投资商对汉语的误读,意思就是"大吉"。如果你去过太古里就会发现,正是纵横交织的里巷,令远洋太古里独具风格。通过保留古老街巷与历史建筑,再融入2~3层的独栋建筑、川西风格的青瓦坡屋顶及格栅,配以大面积落地玻璃幕墙,营造出成都远洋太古里既传统又现代的开放空间。

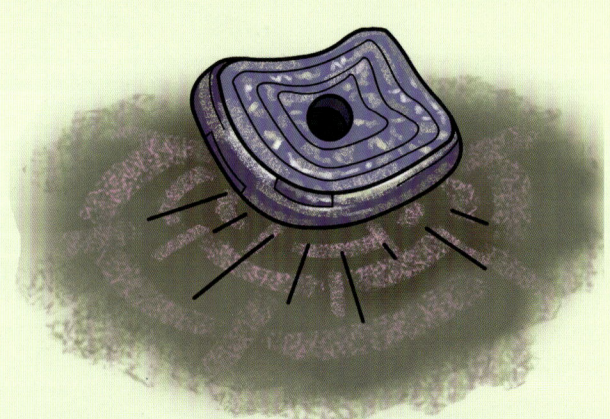

雕塑《漫想》

粉子姐，你眼中的太古里有哪些魅力呢？

你有没有看到过漫广场的《漫想》，这个作品出自艺术家 Blessing Hancock 和 Joe O'Connell 之手，清冽的灯光穿透雕塑，将东西方诗人的哲思洒满广场，这是太古里的智慧。

雕塑《父与子》

法国艺术家POLO的《父与子》以亲切平常的生活场景细致地表现了父子之间的深厚情感，亲情的温暖弥漫巷弄，这是太古里的温情。

这么有爱！

雕塑《大花》

雕塑《婵娟》

那么,"大花"是什么花?"婵娟"也是花吗?

《大花》是英国女艺术家Jenny Pickford创造的花,一瓣瓣紫色明洁的花瓣是Jenny关于自然与城市关系思考的体现。另一位女艺术家Belinda Smith则通过《婵娟》将人类对天空的无限憧憬与美好寄愿展示在太古里的开阔空间中。这两个作品在我看来是对太古里存在形态的一种思考。

天府笔记

方所主营人文、艺术、设计、建筑类书籍,有4万种港台书刊和近万种外文书籍,店内还专门设有"方所推荐""媒体推荐""网络推荐"等特色书架。

读书自古以来就是成都文化生活的重要内容之一,这一点在今天的远洋太古里也得到了充分体现。2015年1月29日,方所书店在远洋太古里的负一楼安家落户,书店玻璃门上印着诗人也斯的赠语:"但愿回到更多诗歌朗读的年代。"

这浓浓的文艺气息,和热闹的太古里又不一样了。

天府笔记

"快里"由三条贯通东西的购物街和两个广场组成，众多国际品牌借独栋或复式店铺完整展现其旗舰形象，为成都人提供畅"快"淋漓的购物体验。

这么说来，太古里是"又快又慢"喽。

用"太古里"的话说，就是又有"快里"，又有"慢里"。

什么是"慢里"呢?

天府笔记

成都远洋太古里秉持"以现代诠释传统"的设计理念,将这座城市的色彩与质感,成都人的闲适包容与优雅时尚融入房屋、街巷、广场的各个角落。

"慢里"则是围绕大慈寺精心打造的慢生活里巷,以慢调生活为主题,呈现大都会的休闲品味,是太古里的另一副面孔。

粉子姐快来，我们一起和熊猫合影哦！

哈哈，这就是中外旅客来蓉必到的"打卡"点——熊猫雕塑。

天府笔记

2014年1月成都国际金融中心（IFS）开业以来，它就成了成都的新地标之一。这只"翻墙的熊猫"为熊猫的故乡带来了无数惊喜和巨大收获，是国内目前最大的不锈钢熊猫装饰作品，凭借独特的爬墙造型和憨态可掬的外形，成为时尚成都的又一张名片。

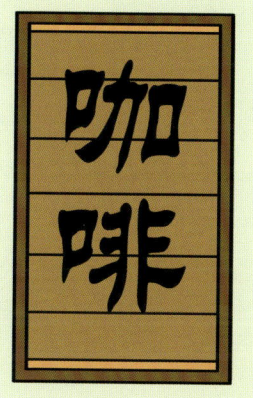

我认为成都的时尚还体现在对外来文化的开放和包容上。

是啊,酒文化、咖啡文化等与茶文化相互融合,在这片土地上共生共存。

第三话

画意之美——墨香千载

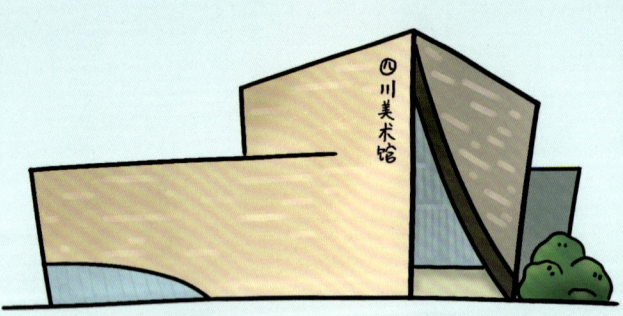

四川美术馆

天府笔记

"西蜀画派"集雄、奇、秀、幽于一体的四川自然山水画风，滋养着世世代代的巴蜀俊杰，赋予了四川画家们取之不尽的创作源泉和生生不息的创作灵感。画家用画笔为家乡的山川写神，为家乡的山川倾情歌吟，在与山川自然的对话中，他们的心灵与客体迹化，情感注入一山一石、一草一木，山水无疑是画家们心灵情感的物化形态。

粉子姐，我刚刚去四川美术馆看了一场西蜀画派的作品展，真是太美啦！

嗯嗯，天府之国山水秀美、人杰地灵，使得这些绘画作品也带着浓郁的"西蜀风味"呢！

"西蜀画派"是怎么来的呢?

早在1000多年前的五代时期,四川画家黄筌就创立了独树一帜的"西蜀画派"。

黄筌

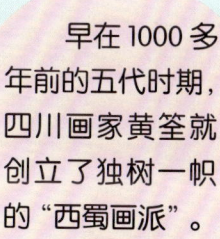

天府笔记

黄筌(约903年—965年),字要叔,成都(今四川成都)人,17岁时即以画供奉内廷,曾任翰林待诏,主持翰林图画院。任前后蜀宫廷画师40余年,官至检校户部尚书兼御史大夫。擅山水、人物、松石,尤精花鸟草虫。黄筌长期供奉内廷,所画多为珍禽瑞鸟、奇花异石,画风工整富丽,反映了宫廷的欣赏趣味,被宋人称为"黄家富贵"。

《写生珍禽图》·黄筌

看来这位黄筌的影响力不小。

如此说来，黄筌算是"一派之宗"呢！

何止是不小，黄筌当时以他独特的风格和传承方式影响了一批人呢！这些人形成了一个画家群体，绘画风格非常鲜明：注重写生，风格工致雅丽。

天府笔记

"西蜀画派"体现了一种有别于其他流派的艺术风貌，这种风貌由黄筌之子及学生传承，对整个北宋的宫廷花鸟画都产生了巨大影响。

在"西蜀画派"之后,四川在宋代又出现了苏东坡、文与可这样的书画名家。

苏轼我知道的!他是北宋著名的文学家、书法家、画家。

苏轼

天府笔记

苏轼(1037年—1101年),字子瞻,号东坡居士,世称苏东坡,眉州眉山(今属四川省眉山市)人。苏轼擅长文人画,尤擅墨竹、怪石、枯木等,作品集有《东坡七集》《东坡易传》《东坡乐府》等,代表画作有《潇湘竹石图》《枯木怪石图卷》等传世。

天府笔记

文与可善画竹，他注重体验，主张胸有成竹而后动笔。他画竹叶，创浓墨为面、淡墨为背之法，学者多效之，形成墨竹一派，有"墨竹大师"之称，又称之为"文湖州竹派"。

文与可

这位文与可我倒是没有听说过。

我想起来了！"胸有成竹"这个成语就是源自他吧！

对哒！

文与可名同，字与可，号笑笑居士、笑笑先生，人称石室先生。北宋梓州（今属四川省绵阳市）人，著名画家、诗人。他与苏轼是表兄弟，深受苏轼敬重。

抗战时期,四川再次成为中国美术的重镇,傅抱石、陆俨少、董寿平、吴作人等名家纷纷转移至此。他们在这里生活学习,蜀中钟灵毓秀的自然山水、异彩纷呈的生活情态激发了他们的创作热情,使他们画风大变,画艺也更加精进了。

巴蜀的魅力影响了这么多人哦!

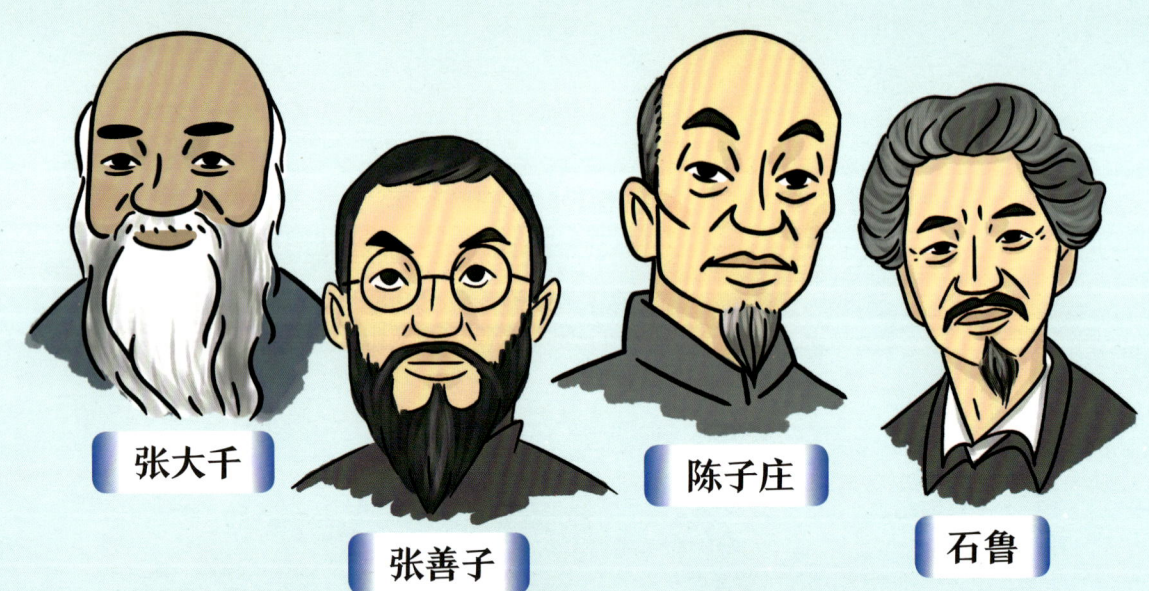

《爱痕湖》·张大千

这些大师中最有名的就是张大千。

天府笔记

张大千，号大千，别号大千居士、下里港人，书斋名大风堂。张大千祖籍广东番禺，1899年5月10日出生于四川省内江市的一个书香门第，中国知名泼墨画家、书法家。张大千先生享有巨大的国际声誉，西方艺坛称赞他为"东方之笔"，这种赞誉在中国画家中是很难得的。

张善子

张大千

天府笔记

张大千旅居海外后，将工写结合，融重彩、水墨为一体，尤其是泼墨与泼彩，又开创了新的艺术风格。因为他的诗、书、画与齐白石、溥心畬齐名，故又并称为"南张北齐"和"南张北溥"，又与黄君璧、溥心畬并称为"渡海三家"。

他与二哥张善子创立"大风堂派"，是20世纪中国画坛最具传奇色彩的泼墨画派。

提到张大千，我就想起他20多岁蓄着一把大胡子，那恐怕是张大千最突出的特点啦！

新中国成立后,四川美术界又取得了更大的成就。20世纪五六十年代的四川,在老一代版画家李少言、李焕民、牛文、吴凡、徐匡的引领下,四川成为中国版画的重镇,涌现出许多新尖版画家,他们创作了一大批中国现代版画史上的经典之作。

版画《挣扎》·李少言

四川的美术文化底蕴真是太深厚了,令人惊叹!

李少言

四川在雕塑界也可谓独领风骚。在叶毓山、赵树同的带领下，四川的雕塑艺术有了很大的发展。20世纪80年代，四川美术学院的一批师生又自发形成了以批判现实主义和乡土伤痕美术为主的四川画派。

四川在文艺领域涉猎极为广泛，同时也取得了不俗的成绩。

苏轼雕塑

油画《父亲》

天府笔记

20世纪80年代初期，一大批乡土画家的创作在全国引起了对四川油画的极大关注，一时声名大振，被誉为"四川画派"。2010年，文化部中外文化交流中心主办了"四川画派30年学术回顾展"，更是巩固了四川画派的地位。

非常有实力的四川画派画家正源源不断地创作出让人刮目相看的作品。

哇，他们真是太棒了！

油画《春风已经苏醒》

天府笔记

　　著名油画《春风已经苏醒》是以诗句命名的作品。作品以一种伤感的意象和抒情意味开启了中国乡土写实主义绘画的另一个途径——对人的生命、情感、人性的理解、认识以及描绘，从一个新的视角和美学意味开辟了中国油画的一个新领域。1982年，《春风已经苏醒》代表中国参加"法国春季沙龙展"，后被中国美术馆收藏。

如今的四川当代艺术在全国占据了"半壁江山",近现代的四川美术完全可以视作中国美术的一面旗帜。

天府笔记

油画作品《生生不息之爱》表达了对生命力的歌颂,也对生命发出了最原始的探索和询问。在2011年4月3日晚间举行的香港苏富比2011年春拍会上,这幅画以7906万港币的价格成交,刷新了当时画家个人作品的世界拍卖纪录。

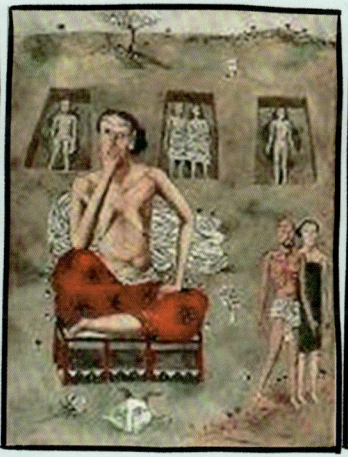

《生生不息之爱》

第四话

诗词之美——文才辈出

优越的生产生活条件、动人心魄的山水胜景、多元文化的碰撞和自由浪漫思维的传统，滋养了成都文人学士的逸致闲情和绵延才情，成就了蜀人在文学上的卓尔不群。孙中山先生曾感叹"惟蜀有才，奇俊瑰落"。

为什么说"文宗自古出西蜀"呢？

哇，难怪天府之国人才济济啊！

天府笔记

司马相如（约前179年—前118年），字长卿，蜀郡成都人，西汉辞赋家。司马相如家境贫寒，却爱上了富家千金卓文君，他用一曲《凤求凰》打动了卓文君，最终二人结成夫妻。婚后二人恩爱相敬，传为佳话。成都现在著名的景点琴台路就是为了纪念二人勇于追求自由和爱情的果敢行为而修建的，鲁迅曾言："武帝时文人，赋莫若司马相如，文莫若司马迁。"

成都这座诗意的城市，它繁华的街市、温和的气候和令人陶醉的景色激发了文人墨客的灵感，孕育了灿若星河的文人才子。

卓文君 司马相如

天府笔记

《凤求凰》（节选）

有一美人兮，见之不忘。一日不见兮，思之如狂。凤飞翱翔兮，四海求凰。无奈佳人兮，不在东墙。将琴代语兮，聊写衷肠。何日见许兮，慰我彷徨。

天府笔记

司马相如代表作品为《子虚赋》《天子游猎赋》《大人赋》《长门赋》《美人赋》《哀秦二世赋》等，词藻富丽，结构宏大，是司马相如文坛地位的奠基之作，使其成为汉赋的代表作家。

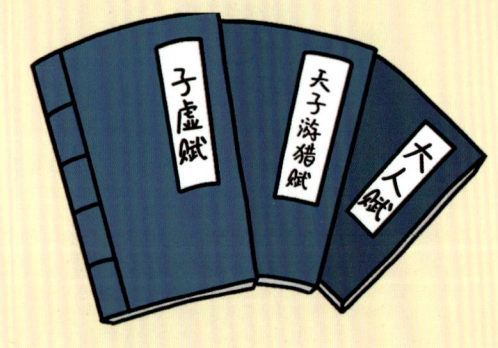

真是太厉害啦！

司马相如是汉文学题材的集大成者，尤工辞赋，后人尊称为"赋圣"和"辞宗"。

司马相如

是啊，卓文君原名文后，西汉时期蜀郡临邛（今四川省成都市邛崃市）人，当地冶铁巨商卓王孙之女。有文章称她是中国古代四大才女之一，蜀中四大才女之一。

想必卓文君也是个很有才的人吧！

卓文君

天府笔记

卓文君姿色娇美，精通音律，有不少佳作，其《白头吟》中"愿得一心人，白头不相离"一句成为千古佳句。

你一定听说过"李杜文章在，光焰万丈长"这句诗吧？这是唐代杰出文学家韩愈对李白和杜甫的至高赞扬。要知道这二人可都和成都有着很深的渊源哦！

他们二位可有名啦！喜欢中国文化的人都知道他们二位的大名，一位是"诗仙"，一位是"诗圣"。

李白

天府笔记

李白，字太白，号青莲居士，又号谪仙人，是唐代伟大的浪漫主义诗人。李白为人爽朗大方，爱饮酒作诗，交友周游。代表作有《望庐山瀑布》《行路难》《蜀道难》《将进酒》《梁甫吟》《早发白帝城》等。李白非常热爱成都，所以为成都创作了许多诗句，来赞美这座美丽的城市："九天开出一成都，万户千门入画图。草树云山如锦绣，秦川得及此间无。"

杜甫

另外还有诗圣杜甫,他也十分热爱成都。

我最喜欢他的"安得广厦千万间,大庇天下寒士俱欢颜!风雨不动安如山"这句诗啦!

这是杜甫《茅屋为秋风所破歌》中的名句。

天府笔记

杜甫,字子美,自号少陵野老,是唐代伟大的现实主义诗人,对中国文学和日本文学都产生了深远的影响。杜甫诗歌现存1500多首,大多集于《杜工部集》。杜甫被后人称为"诗圣",他的诗则被称为"诗史"。

听说杜甫草堂是杜甫曾经住过的地方。

是的,杜甫避安史之乱来到成都,在浣花溪畔筑草堂卜居。

天府笔记

杜甫于759年逃离战火纷飞的中原来到蜀地,为成都的自信和开放所惊叹,他在诗中写道:"我行山川异,忽在天一方。但逢新人民,未卜见故乡。"

唐代宗永泰元年(765年)杜甫离开成都,除去避乱暂离,在浣花溪畔一共住了3年零9个月。这是杜甫在乱世中得到短暂安宁的一段日子。

著名学者冯至在阐述杜甫与成都之间的关系时这样说道：人们可以忽略杜甫的生地和死地，却忘不了成都的草堂。

Good！

天府笔记

在成都期间，杜甫写了260多首诗，被称为"成都诗"，其中许多名句被人广为传诵，如"锦江春色来天地""好雨知时节""喧然名都会""此曲只应天上有，人间能得几回闻""两个黄鹂鸣翠柳，一行白鹭上青天。窗含西岭千秋雪，门泊东吴万里船"等。杜甫的文才、诗情和人性已刻入了这座城市的最深处。

接下来这位诗人你可能比较陌生,她叫薛涛(约768年—约832年),字洪度,京兆长安(今陕西西安)人。其父仕蜀,父逝后与其母流寓蜀中。

哇,看来四川不仅盛产才子,还盛产才女呀!

是的,自古蜀中女子地位较高,读书的机会也多,因而盛产才女。

薛涛

天府笔记

后人将薛涛与鱼玄机、李冶、刘采春并称唐代四大女诗人,与卓文君、花蕊夫人、黄娥并称蜀中四大才女。她流传至今的诗作有90余首,收于《锦江集》。

我记得北宋文学家苏洵、苏轼、苏辙好像也是四川人。

没错,这三位合称"三苏",他们也是"唐宋八大家"中重要的文学家。

这才是真正的"书香门第"。

天府笔记

苏洵为父,二子为苏轼、苏辙,苏轼为长。"三苏"之中苏轼的成就尤为杰出,他是宋代伟大的文学家,擅长绘画和书法,在诗、词、散文等方面都有所建树,他的诗意境新、笔力壮、变化多。他的词视野开阔,想象丰富,笔力奔放,雄健豪迈,是宋代词坛豪放派的创始人。他的散文代表了北宋文学鼎盛时期的成就。苏辙则是个善于驾驭多种文章类型的散文家,其文"汪洋澹泊,深醇温粹,似其为人"。

三苏

郭沫若代表作：《女神》《甲骨文字研究》《中国史稿》

四川还有才子郭沫若，1921年他发表了自己的第一本新诗集《女神》，其代表作还有《甲骨文字研究》《中国史稿》等。

我读过《女神》这部诗集，可真是气势磅礴。

天府笔记

郭沫若，原名郭开贞，字鼎堂，1892年11月16日出生于四川乐山沙湾。现代文学家、历史学家，新诗奠基人之一，中国科学院首任院长，中国科学技术大学首任校长，苏联科学院外籍院士。

中国近代文学的一个重要引领者巴金，1904年11月25日出生于成都，祖籍浙江嘉兴，原名李尧棠。1923年，巴金离家赴上海、南京等地求学，从此开始了长达半个世纪的文学创作生涯。《随想录》是巴金最负盛名的作品之一，内容朴实，感情真挚，忏悔和自省之意充满字里行间，巴金因此被誉为"二十世纪中国文学的良心"。

这位老人可真是了不起啊。

随想录

巴金故居坐落于成都正通顺街98号,是一所深宅大院,又称李家院子,这座故居是小说《家》中高公馆的原型。

天府笔记

巴金故居1971年拆除,2013年成都市政府在原址设立"巴金故居原址"指示牌,供游客缅怀。

还有现代作家唐七，2009年出版首部长篇作品《三生三世十里桃花》，后创作《岁月是朵两生花》《华胥引》《三生三世枕上书》《四幕戏》等作品。

现在还有这么多活跃的作家，成都可真是块滋养人才的好地方！

天府笔记

唐七曾用笔名"唐七公子"，中国网络作家。她的文风温暖清丽，擅长用幽默的语言述说伤感的故事。其作品《华胥引》获首届"西湖·类型文学双年奖"铜奖，入选2013年度"大众喜爱的50种图书"，《岁月是朵两生花》参评2015年第九届茅盾文学奖。她的作品在年轻群体中很受欢迎。

第五话

音乐之美——余音绕梁

永陵

天府笔记

永陵发现于1940年，发掘于1942年，是第一批全国重点文物保护单位，1979年正式对外开放，1990年成立博物馆，是目前中国唯一一座地上皇陵。

在成都市老西门外有一个叫永陵的地方，那儿名堂可大着呢！那是五代时期前蜀高祖王建的陵墓，距今有1000多年的历史。

地上皇陵？哇，那可真得好好见识一下。

王建

咱们认识认识陵墓的主人王建吧！

王建是唐末五代时期封建统治者中的杰出代表，他谋勇兼备、知人善任、廉恭俭素、仁爱士卒、政绩卓著。在王建的励精图治之下，前蜀国成为当时社会最稳定、国力最强的国家，其都城成都也成为当时中国最繁华的大都市。

听你的描述，他是挺有本事的一个人。

天府笔记

22名乐伎演奏的乐器既有汉民族的传统乐器,又融合了当时大量的少数民族乃至外国的乐器,堪称唐五代音乐文化的活化石。

22名乐伎演奏的乐器由弹拨、吹奏、打击乐器三大类组成。

可以想象曾经的盛况!

音乐艺术的发展可以作为成都繁荣的一个重要佐证。

正是因为这些文物,我们才得以一窥唐代音乐文化的兴盛和文化活动的丰富。

天府笔记

"锦城丝管日纷纷,半入江风半入云。此曲只应天上有,人间能得几回闻。"这是诗圣杜甫对成都繁弦急管境况的赞美,亦是千年前这座东方音乐之都的真实写照。

杜甫

东郊记忆是集购物、休闲、艺术、娱乐等功能于一体的特色商业中心,原为红光电子管厂,占地17万平方米,总投资超50亿元。

哇!可真是下了血本。

它是目前成都唯一一个以音乐为主题，集演艺活动、音响视听、酒吧娱乐、主题零售、特色餐饮、主题酒店等功能于一身的音乐主题体验乐园。

体验的项目可真多。

是啊,这里有各大音乐公司及知名艺人成立的明星衍生品专卖商店,有索尼、环球、华纳、百代全球四大唱片公司概念店,有各大音乐公司的产品体验馆,有高端发烧级器材体验空间,有高品位的音乐文化主题酒店,以及超音电器等影音奢侈品运营机构打造的若干家高端城市音乐会所,更有在工业旧厂房集中区域引进的各式音乐酒吧……真是说都得说半天。

It's amazing!
简直太令人向往了!

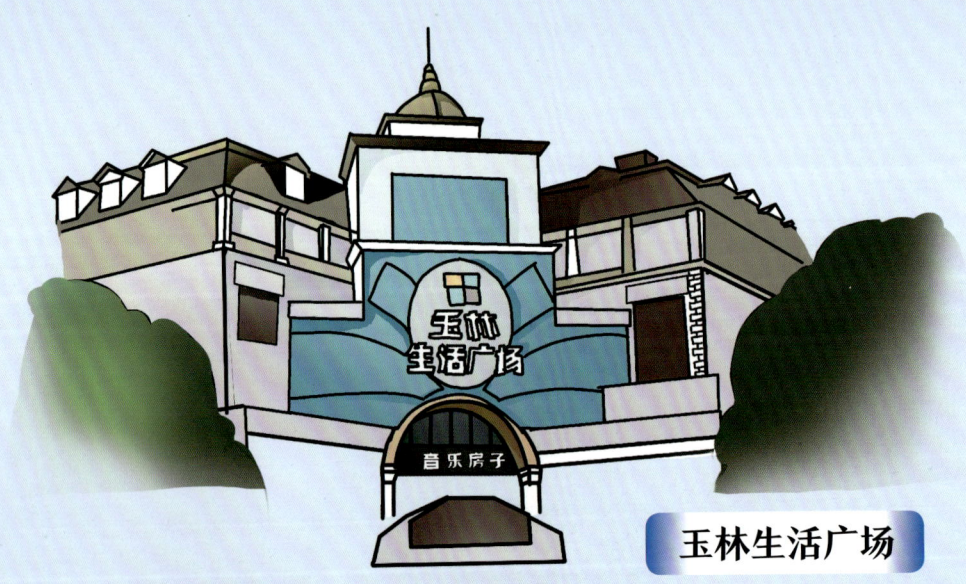

玉林生活广场

成都每年还会举办"草莓音乐节""玉林生活广场选秀"等音乐活动。

我也想参加呢!

四川音乐学院

天府笔记

四川音乐学院培养出了一批音乐名人，这也说明成都在音乐文化的发展上具有一定的基础。

除了积极营造音乐氛围，在建构音乐教育体系方面成都也是不遗余力，四川音乐学院对成都音乐人才的培养和成都音乐文化的发展起到了举足轻重的作用。

成都音乐可真是太有魅力了！

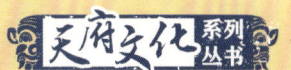

"绘"天府 "智"成都
乐观包容暖成都

刘兴全 主编

四川大学出版社
SICHUAN UNIVERSITY PRESS

项目策划：王　军　段悟吾　杨岳峰
特邀编辑：于　俊
责任编辑：张　晶
责任校对：张宇琛
封面设计：墨创文化
责任印制：王　炜

图书在版编目（CIP）数据

"绘"天府　"智"成都．乐观包容暖成都／刘兴全主编．—成都：四川大学出版社，2021.8
（天府文化系列丛书）
ISBN 978-7-5690-4035-7

Ⅰ．①绘… Ⅱ．①刘… Ⅲ．①文化史－成都－通俗读物 Ⅳ．①K297.11-49

中国版本图书馆 CIP 数据核字（2020）第 255039 号

书　名	"绘"天府　"智"成都　乐观包容暖成都
	"HUI" TIANFU "ZHI" CHENGDU LEGUAN BAORONG NUAN CHENGDU
主　编	刘兴全
出　版	四川大学出版社
地　址	成都市一环路南一段24号（610065）
发　行	四川大学出版社
书　号	ISBN 978-7-5690-4035-7
印前制作	墨创文化
印　刷	四川盛图彩色印刷有限公司
成品尺寸	190mm×200mm
印　张	18
字　数	281 千字
版　次	2021 年 8 月第 1 版
印　次	2021 年 8 月第 1 次印刷
定　价	88.00 元（全 5 册）

◆ 读者邮购本书，请与本社发行科联系。
电话：(028)85408408/
(028)85401670/(028)86408023
邮政编码：610065

◆ 本社图书如有印装质量问题，请寄回出版社调换。

◆ 网址：http://press.scu.edu.cn

四川大学出版社
微信公众号

版权所有　◆　侵权必究

目录

第一话　一进门来苏东坡，坐下韩信问萧何……………… 1

第二话　诸葛亮治蜀："西和诸戎，南抚夷越"………… 17

第三话　移民填川，东山客家…………………………… 33

第四话　川剧高腔折子戏，龙门阵里品生活 …………… 51

第五话　海外游客来四方，乐观包容展新貌…………… 67

"绘"天府　"智"成都

乐观包容暖成都

第一话

一进门来苏东坡,坐下韩信问萧何

地铁志愿者

地铁站里，出手相助。晓得不？成都的注册志愿者可是突破了211万呢！

志愿服务已成为成都市的温暖生活美学。

环卫工人

关怀环卫工人,是尊重,也是体谅。

春节期间,5万"城市美容师"坚守一线,他们值得被关怀。

欢迎国际友人

不仅关爱自家人,来者皆是客,对国际友人成都人照样温暖。

正是贴心的服务,才让成都的"朋友圈"不断扩大。

出租车司机

的哥有范儿,拾金不昧、及时归还。

是自律,更是诚信。

曾经有个活动叫"街头公益硬币"，当时地铁站口出现了一盒500枚1元硬币，插在硬币里的牌子上写着："如果你急需用钱，请自取，每人最多5元，有多余的请贡献您的爱心。"路过的市民纷纷围观、拍照、发微博、发朋友圈，然而，硬币不仅没有被哄抢一空，还多了20多元。

真是又惊喜又感动。

公益硬币

还有一次,在一次街头测试中,对演员扮演的迷路的"健忘老人",成都人都体现出了暖暖的善意,热情相助。

健忘老人测试

要是真有迷路的老人,家人也不会太担心了。

运行5年零7个月的无人值守货柜"诚信驿站"累计收入超5万元,运行1年零4个月的免押金"诚信书吧"借出书籍全部归还,供市民免费自取食物的"共享冰箱"的爱心商家从6家增至13家等,还有绵竹市被列为孝德文化、友善公益的典型代表……

这会让多少人爱上这座城市啊!

这可真是"九天开出一成都，万户千门入画图"，肥沃富庶的土地孕育了善良淳朴的人民，亘古不变的不只是城市之名，更是人们骨子里助人为乐的美好品质。

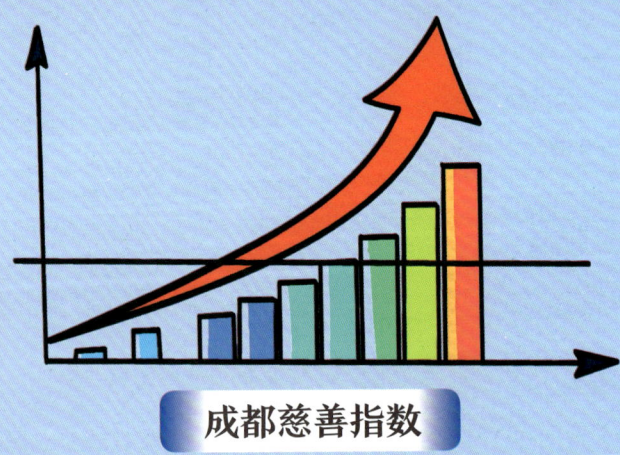

成都慈善指数

第四届中国城市公益慈善指数报告显示，在全国200多个城市中，成都慈善综合指数排名前十，在西部城市中位居第一。

第二话

诸葛亮治蜀:"西和诸戎,南抚夷越"

诸葛亮

听说诸葛亮和四川很有渊源。

三国时期，四川都在蜀的统治之下，西南部有不少少数民族居住，被称为南中地区。

天府笔记

南中地区相当于今天四川西南部和云南、贵州一带。

刘备建立蜀汉以后,如何治理南中地区成为他思考的一个重要问题。

刘备

北有曹魏政权重压,南有豪强割据称雄,若南中地区治理不好,蜀汉将两面受敌。

曹操

豪强

孟获

蜀汉大军向南中地区的首领孟获发起进攻,并最终将他擒获。诸葛亮擒住他后,请他观看汉军阵营,孟获不以为然,对诸葛亮说,如果能放他回去再次决战,他一定可以打败诸葛亮。

诸葛亮有什么妙计吗?

包容

诸葛亮"七擒孟获"的故事传为美谈,这实际上体现了他治蜀的一个重要理念——包容。

高明!

安抚好南中民心后，一些蜀汉的官员被诸葛亮派到南中地区，他们带来了当时最先进的生活生产技术，教南中人民盖房子、种水稻、使用耕牛、植桑养蚕、纺纱织布，改变了这里刀耕火种的原始生产方式。

天府笔记

相传诸葛亮还大规模推广茶叶种植，才有了后来的普洱茶。今天，普洱茶已成为中国最重要的茶饮之一。

真是造福一方呐！

西和诸戎
南抚夷越
外结好孙权
内修政理

诸葛亮

诸葛亮"宽容"的治理理念在今天仍具有较强的借鉴意义。

在《隆中对》中,诸葛亮曾分析天下大势,提出"西和诸戎,南抚夷越,外结好孙权,内修政理"的战略方针,深得刘备的认同和赞赏。因此,除了"南抚夷越",诸葛亮还很重视"西和诸戎"。

曹操 VS 诸葛亮

如何处理和少数民族的关系，是曹操和诸葛亮事业成败的关键，两人的对应措施完全不同：曹操采取"先征服、后迁徙"的政策，诸葛亮则采取"和、抚"的怀柔政策，变力服为心服。

由此可见，在处理民族关系问题上，诸葛亮比曹操要计高一筹。

攻心联

能攻心则反侧自消从古知兵非好战

不审势即宽严皆误后来治蜀要深思

成都武侯祠内有一副"攻心联",这副对联悬于诸葛亮殿堂前正中,是对诸葛亮治蜀经验的高度总结。

第三话

移民填川，东山客家

《竹枝词集》

嘉庆年间,成都地区流行一首《竹枝词》:"大姨嫁陕二姨苏,大嫂江西二嫂湖;戚友初逢问原籍,现无十世老成都。"

这是什么意思呢?

这首诗是四川历史上多次移民的形象写照。

从战国时期秦国统一四川后大规模移民入蜀开始,到清朝初年的"湖广填四川",四川历史上共有8次大规模的移民潮。

详细讲讲吧!

秦始皇

蜀地

入蜀移民

金牛道

秦民入蜀

第一次是战国至秦朝秦民入蜀。秦惠文王时，秦国派张仪、司马错从金牛道攻蜀，将巴蜀纳入秦国版图，此次战争有多少蜀人伤亡尚无定论，但结果是秦"乃移秦民万家实之"。

哇！原来是这样。

第二次是东汉末至三国蜀汉荆楚移民入蜀。至东汉永和五年（140年），巴蜀地区人口达400多万。但因战乱，到建安十九年（214年）刘璋投降刘备时，竟只剩80余万人口。刘备、诸葛亮领兵入蜀，荆楚移民达10余万人。蜀汉灭亡时，巴蜀地区人口达100多万。

战争折损了人口，也带来了人口。

刘备

刘璋

第三次是在两晋之交时。西晋后期巴蜀地区爆发李特起义,李特之子李雄在成都建立大成王朝。由于大成王朝实行亲民、重视文化的政策,秦州、雍州10多万人经汉中、剑阁入蜀。

李特起义

这次的移民规模与上次差不多。

在唐代，蜀地相对稳定富庶，成为北方移民向往的世外桃源，大批北方人纷纷入蜀。那时有"文人皆入蜀"之说，李白一家也是其中之一呢！

哇！还有这样的渊源。

天府笔记

隋大业五年，巴蜀地区人口约40万户，约200万人；唐太宗贞观十三年，巴蜀人口猛增至约70万户，约350万人。

唐末至五代，战乱导致大批北方人迁入四川。前后蜀时期，蜀中少战乱，大批北方人也选择入蜀避乱谋生。

北方战乱

听上去，四川在古代倒不是一个战乱频繁的地方。

还真是如此!宋朝时大规模的移民潮出现在南北宋之交,北方人为躲避金兵,迁入蜀地,引发移民入川的高潮。

唉!战争可真不是一件好事儿。

天府笔记

据史料记载,南宋绍兴二年入川的北方人达15万,隆兴元年入蜀的北方人则达几十万。北宋崇宁元年,四川人口共500余万;到南宋绍兴三十二年,四川人口达1100余万。

这是什么意思?

剩下两次,都可统称"湖广填四川"了。

第一次"湖广填四川"在元末明初。南宋末蒙古铁骑攻蜀,遭到蜀中军民顽强反抗,这场战争持续了约半个世纪,四川人口损失大半,于是便有大量人口迁入,以充实蜀地。

天府笔记

自元末明初红巾军入蜀在重庆建立大夏王朝起,大批湖北移民入川,为第一次"湖广填四川"之始。其后从明洪武起,主要来自湖北、湖南、广东、江西等地的南方移民入川,史称"奉旨入蜀"。

明末清初的战乱使四川人遭受空前的灾难，据史书记载，至清顺治十八年，四川在籍人丁仅余不足2万户，约8万人。

于是历史上最大规模的"湖广填四川"开始了。到乾隆四十一年，四川人口升至700余万，嘉庆十七年则升至2000多万，咸丰元年达4400万。

"湖广填四川"的历史受人重视的原因是什么呢？

因为它展现了元末明初、明末清初发生的由湖北、湖南、江西、广东等地大规模移民四川的历史，移民的大量迁入使得四川人口大换血，可以说四川人来自全国四面八方这句话，一点不夸张。

天府笔记

据清末史料记载，当时入成都籍的"成都人"几乎都是外省人，主要来自湖广、陕甘、云贵、江浙等地。

洛带古镇

这里有什么文化遗产或建筑吗?

位于成都龙泉驿区的洛带古镇就是典型的客家建筑群,在那儿,我们可以依稀领略移民文化的风采。

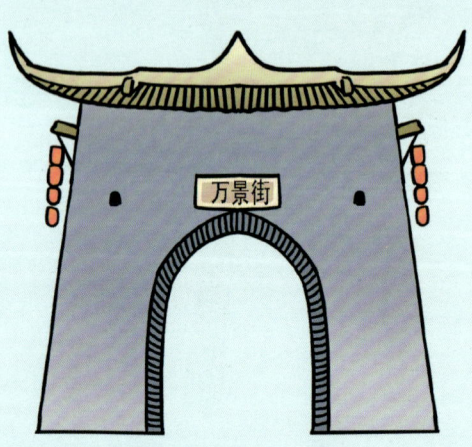

万景街

天府笔记

三国时蜀汉丞相诸葛亮将原"万景街"更名为"万福街",相传因蜀汉后主刘阿斗的玉带落入镇旁的八角井而更名为"落带"(后演变为"洛带")。唐宋时隶属成都府灵泉县(今龙泉驿区),明朝时改隶简州(今简阳),清朝时曾更名为"甑子场"。

洛带古镇有怎样的历史呢?

洛带镇历史悠久,相传汉代即成街,名"万景街"。

客家人

镇内以清代风格建筑为主,呈"一街七巷子"格局。广东、江西、湖广、川北四大客家会馆、客家博物馆和客家公园坐落其中,镇内90%以上的居民都是客家人,至今仍讲客家话,沿袭客家习俗,被誉为"中国西部客家第一镇"。

这确实是名符其实的客家名镇、会馆之乡。

第四话

川剧高腔折子戏，龙门阵里品生活

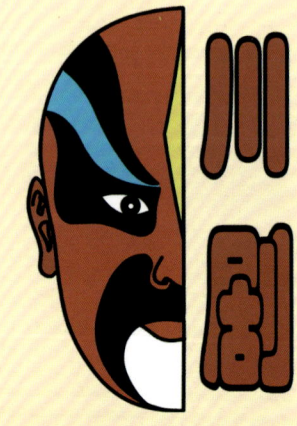

川剧

川剧是怎么来的呢?

川剧,最初叫川戏,清末民初才开始正式称为川剧。川剧历史悠久,早在明代,就已经有戏班在省内各地演出。

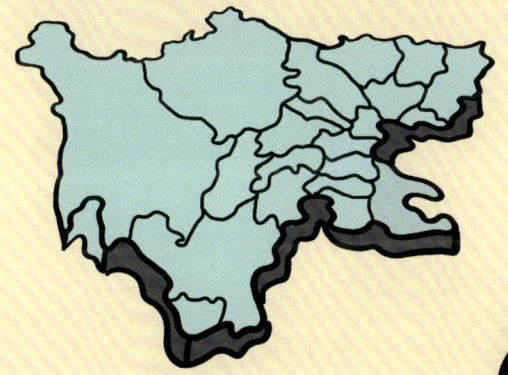

各地移民入川也是川剧发展的一个重要因素，多种南北声腔剧种流行于四川各地，在长期的发展衍变中，逐渐形成具有四川特色的声腔艺术，从而促进了四川地方戏曲川剧的发展。

川剧与四川方言土语、民风民俗、民间音乐、舞蹈、说唱曲艺、民歌小调的融合就是移民文化本土化的产物。

川剧

川剧最出彩的部分是什么呢?

折子戏是川剧大本戏中的一折或一出,是川剧的一个出彩点。其矛盾冲突尖锐激烈,人物形象鲜活生动,表演技艺精妙绝伦,经数百年的千锤百炼和历代名家的匠心独运,堪称艺术精品。

关于川剧,有一件事值得一提。资料显示,唐朝时,时任蜀中地方官的刘辟是个大贪官,其治理之下苛捐杂税,民不聊生。于是,当地的优人(演员)将刘辟的恶行编成戏剧,准备借此为民疾呼,这就是历史上著名的川戏《刘辟责买》。不过这一剧目虽已准备熟练,却一直未能得到上演的机会。

蜀戏冠天下

有这样一群优秀的艺人，川剧自然更加优秀。

是啊，不过这一事件也从侧面反映了川戏的影响力。史料还记载，唐朝时期，全国甚至出现了"蜀戏冠天下"的局面。

天府笔记

在当时，四川出现了以干满川、白迦、叶硅、张美和张翱为代表的著名戏班"五庆会"，这也是中国戏曲史上最早的戏班，《刘辟责买》《麦秀两岐》《灌口神》等著名川剧曲目从此时开始流行。

川剧经典

很多国际友人来四川旅游也一定会去看一场川剧演出。

川剧名戏《金山寺》《变脸》《巴山秀才》《皮金顶灯》《四川好人》《八阵图》等流传甚广,我都看过不少呢!

600+

成都茶馆

有这样一句话:"一城居民半茶客。"据载,1919年的上海有164家茶馆,同时期的成都则有600多家。

这个对比可真直观鲜明。

天府笔记

茶馆是当时成都最重要的商业活动场所之一。1909—1910年,成都人口共6.7万户,总共有2158户以茶馆为生,其中518户经营茶馆,931户卖水烟,9户搭戏班子,111户从事演艺,589户为茶馆挑水,至少养活了1.1万人。1935年的数据则显示,成都当时有小商铺6615家,其中茶馆599家,平均每10家店铺里就有一家是茶馆。

"成交"

老成都的茶馆不仅是一个放松休闲的场所,更浓缩了世情百态,承担着人情往来、商业洽谈、政治博弈,有闲散人生,也有家国大事。

市井内的乌托邦,胜似世外桃源。

是啊，在这样一间茶馆里，茶客可以自由自在地享受生活，除了采耳、理发、修脚、抽水烟，还可以买到一日三餐和各色零食小吃。提供这些服务的小商贩同样是茶馆里的客人，可以说将喝茶、社交、生意全都凑在一碗茶里解决了。

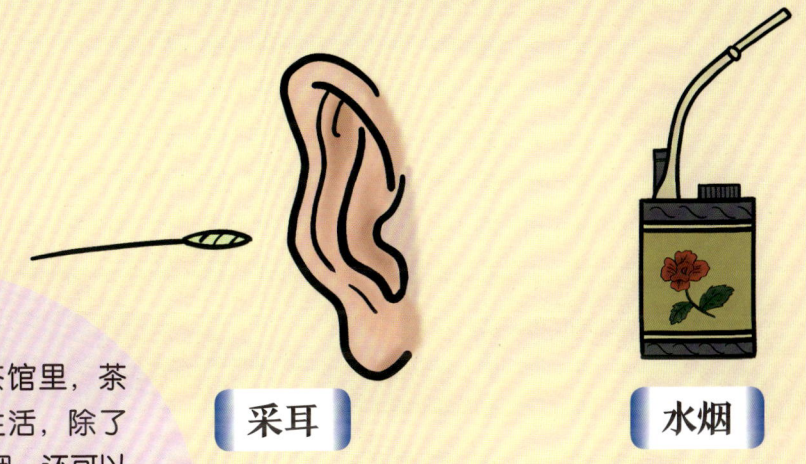

采耳

水烟

可真是令人向往的生活啊！

第五话

海外游客来四方，乐观包容展新貌

粉子姐,丝绸之路的历史是中国古代文明的重要篇章,它对成都具体的影响有哪些呢?

成都是南方丝绸之路的强大动力源。丝绸之路上的客商不仅运输丝绸、珠宝、香料等商品,还促进了丝路沿线地区科技、艺术、宗教的互动与交流。

每一座大都市都有自己的历史、风格与襟怀，成都给我的印象是勤勉、智勇、多彩、开放。成都不仅是古蜀人创造的奇迹，也是丝路创造的一个奇迹，成都为丝路贡献了进步，丝路也滋养了成都。

你说得可真好！成都是丝路的动力之城，也是引力之城。成都以智慧拥抱了世界，世界也以满满热情回报了成都。

习近平总书记在天府新区视察时指出，天府新区是"一带一路"建设和长江经济带发展的重要节点，一定要规划好建设好，努力打造新的增长极，建设内陆开放经济高地。

天府笔记

2018年2月，习近平总书记来川视察时从国家全局视角对四川和成都对外开放提出明确要求，强调要融入"一带一路"建设、长江经济带发展，推动内陆和沿海沿边沿江协同开放，打造立体全面开放格局。

习近平总书记的这一系列重要指示为成都人民推进新时代对外开放指明了努力方向，确立了奋斗目标，提供了科学路径。

成都能够在"一带一路"重要节点成为连接长江经济带的重要枢纽,还得归功于双流国际机场。

一定是双流机场为成都带来了大量的资源和机遇!

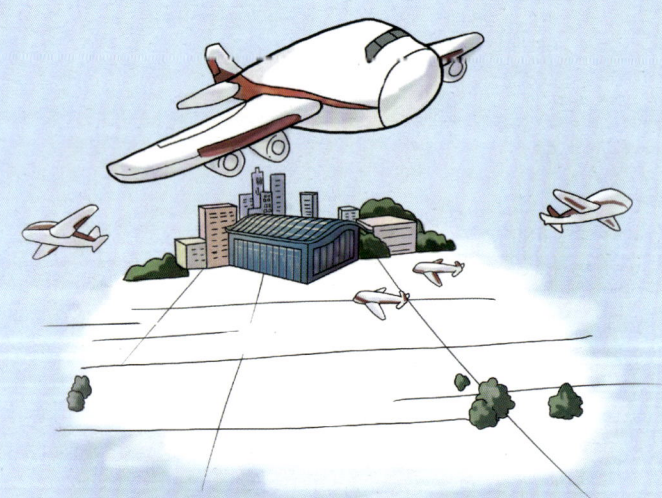

大府笔记

成都双流国际机场是中国八大区域枢纽机场之一,是中国内陆地区的航空枢纽和客货集散地。其前身是1938年始建的成都双桂寺机场,1956年12月12日更名为成都双流机场,1995年11月30日更名为成都双流国际机场。

成都天府国际机场

成都双流国际机场在助推地方经济发展和社会开放等方面也起到了牵引作用。2015年1月,国务院和中央军委正式下发文件,同意建设成都新机场——成都天府国际机场。

相信未来,成都新机场的规划建设对巩固强化成都的交通枢纽地位、推动成渝经济区发展、加快四川对外开放进程一定能起到更大作用。

说到交通，蓉欧快铁也是成都的一个重要项目。

蓉欧快铁

是！蓉欧快铁年度开行列数和累计开行总量位居全国第一。成都开通了"蓉欧+"东盟铁海联运班列和铁路班列，国际班列通达24个海外城市，国内"蓉欧+"互联互通城市达14个，进一步奠定和提升了成都在全国对外开放格局和经济版图中的战略地位。

便利的交通会使成都在对外经贸合作、文化交流、高层互访等方面都更加得心应手。

天府笔记

13个国家分别是法国、德国、澳大利亚、新加坡、泰国、巴基斯坦、以色列、捷克、波兰、瑞士、奥地利、新西兰、韩国。

目前,已在成都设立的外国领事机构数量达13家,仅次于北京、上海、广州,居全国第四。

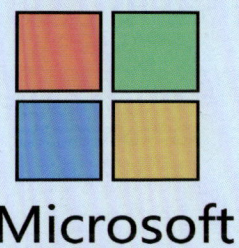

都是知名的国际企业啊！

美丽包容的成都不仅重视走出去，更重视引进来，尤其是对人才的引进。成都市人社局已发布《引进培育急需紧缺技能人才实施办法》《鼓励引进外国人才实施办法》《鼓励企业引进培育急需紧缺专业技术人才实施办法》三个文件，聚焦人才的"引育留用"，形成了一套人才激励体系。

"绘"天府 "智"成都
友善公益爱成都

刘兴全 主编

四川大学出版社

项目策划：王　军　段悟吾　杨岳峰
特邀编辑：于　俊
责任编辑：张　晶
责任校对：张宇琛
封面设计：墨创文化
责任印制：王　炜

图书在版编目（CIP）数据

"绘"天府　"智"成都. 友善公益爱成都 / 刘兴全主编. — 成都：四川大学出版社，2021.8
（天府文化系列丛书）
ISBN 978-7-5690-4035-7

Ⅰ. ①绘… Ⅱ. ①刘… Ⅲ. ①文化史－成都－通俗读物 Ⅳ. ①K297.11-49

中国版本图书馆CIP数据核字（2020）第255041号

书名　"绘"天府　"智"成都　友善公益爱成都
　　　　"HUI" TIANFU "ZHI" CHENGDU YOUSHAN GONGYI AI CHENGDU

主　　编	刘兴全
出　　版	四川大学出版社
地　　址	成都市一环路南一段24号（610065）
发　　行	四川大学出版社
书　　号	ISBN 978-7-5690-4035-7
印前制作	墨创文化
印　　刷	四川盛图彩色印刷有限公司
成品尺寸	190mm×200mm
印　　张	18
字　　数	281千字
版　　次	2021年8月第1版
印　　次	2021年8月第1次印刷
定　　价	88.00元（全5册）

◆ 读者邮购本书，请与本社发行科联系。
　电话：(028)85408408/
　(028)85401670/(028)86408023
　邮政编码：610065
◆ 本社图书如有印装质量问题，请寄回出版社调换。
◆ 网址：http://press.scu.edu.cn

四川大学出版社
微信公众号

版权所有 ◆ 侵权必究

目录

第一话 文翁弘儒学 ………………………………………… 1

第二话 文学巨匠东坡、李劼人"不忘为国家虑" ……… 15

第三话 保路运动风云,川军浴血抗战 ………………… 27

第四话 育天下英才,存民族文脉 ……………………… 41

第五话 天人合一爱自然 ………………………………… 55

"绘"天府 "智"成都
公益友善爱成都

第一话

文翁弘儒学

天府笔记

班固在《汉书》中说:"至今巴蜀好文雅,文翁之化也。"

原来是一位教育家啊,他是怎样的一个人呢?

景帝末,文翁为蜀郡守,及武帝设五经博士,因感蜀地偏僻,便开始兴办官学培养人才。文翁兴学育才的主要办法是派遣张叔等10余人进入京师太学,待其学成归来,委以重任。

在石室学宫学习的学生均可免除徭役，使其能集中精力学习知识。文翁还常让学生协助处理一些公务，甚至允许学生进出内室，以示恩宠和信赖。

待遇可真好。

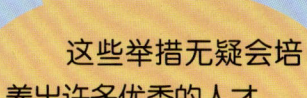

还有呐,品学兼优的学生还会被委以郡、县吏的重任,大力奖掖。

这些举措无疑会培养出许多优秀的人才。

石室中学

这么算下来,石室中学也是一所千年老校了。

天府笔记

从文翁石室、文学精舍讲堂(公元前141年)到锦江书院(1704年)、成都府师范学堂(1902年)、成都府中学堂(1904年),直至现在的石室中学,文翁的教育事业绵延至今,使无数学子受惠。

可不,石室中学在同一地址连续办学已有2000多年,成为世界教育史上的一个奇迹。古有司马相如,今有郭沫若、李一氓,都在此领受过文翁之惠。

师资强

后人应当总结文翁兴学的经验,并大力推广,使国家的教育事业更进一步。

文翁办学的教育特点总结起来有二:一是"师资强"。文翁石室一直重视师资培训,同时积极吸引全国知名学者来石室任教。石室的教师不仅学识渊博,且善于施教,"师资强"成为文翁石室的突出特色。

其二是"学风严"。学校招生"择优录取",不专为贵族子弟开设,体现了"教育平等"的理念。同时十分注重让教育"回归生活",要求学生在刻苦读书的同时参加社会锻炼,关心民间疾苦。

学风严

"学风严",不仅体现于"攻读经典",而且体现于"社会实践"。

教育平等

在中国提倡科教兴国、教育强国的今天,继承和发扬文翁的教育理念具有重要的现实意义。

对头!

石室中学

现在石室中学也称成都四中,是首批"四川省一级示范性普通高中""国家级示范性普通高中",也是四川省重点中学及教学科研基地。

相信成都的教育事业会越来越好哒!

第二话

文学巨匠东坡、李劼人"不忘为国家虑"

天府笔记

"问汝平生功业，黄州惠州儋州。"苏轼每到一个地方任职，都会为当地发展倾注心血和汗水。他成立了中国最早的公立医院"安乐坊"，救人无数；他疏通运河，挖渠凿井，用瓦筒引水，实现了"西湖甘水，殆遍一城"；他开浚西湖，挖山筑堤，为后人留下"何处黄鹂破暝烟"的苏堤，与"一株杨柳一株桃"的白堤交相辉映，造福后人；杭州大旱，饥荒瘟疫流行，苏轼向朝廷请奏，减免自己三分之一的米食供应，并且得到发放僧牒的权力，换取米粮救济灾民；惊闻鄂岳间"民间生子不举"的溺婴惨事，致信鄂岳太守朱寿昌，邀约寺僧继连、进士古耕道等人，拯救溺婴，以维护其生命权。

苏轼在文、诗、词三方面都有极高的造诣，可以说是宋代文学最高成就的代表。而且，苏轼在书法、绘画等领域的成就也很突出，对医药、烹饪、水利等技艺也有所贡献。

这可以算是"全能型文人"啦！

李劼人

那么李劼人又是谁呢?

李劼人生于四川成都,祖籍湖北黄陂,是中国现代具有世界影响的文学大师之一,也是中国现代重要的法国文学翻译家,知名社会活动家、实业家。

《游园会》

看来他的主要功绩在文学领域哦。

是，他原名李家祥，常用笔名劫人等。1912年发表处女作《游园会》，23岁任《四川群报》主笔、编辑，《川报》总编辑。新中国成立后曾任成都市副市长、四川省文联副主席等职。

天府笔记

　　李劼人于1911年参加四川保路同志会，经历了辛亥革命的全过程；1912年开始创作小说，至1918年，发表短篇小说百余篇；五四时期加入少年中国学会成都分会；1919年赴法勤工俭学；1921年起主要致力于法国文学研究与翻译；1924年回国，先任《川报》主编，后任教于成都大学；1926年发表短篇小说《编辑室的风波》。

那有什么特别的故事吗？

他的经历很丰富，也是一个十分有家国情怀的人。

天府笔记

菱是一种生在池沼中,根扎在泥土里的草本植物;窠即鸟虫的巢。作家将自己的家以"菱窠"名之,颇有竹篱野舍的逸趣,或许也蕴涵了这位被誉为乡土小说作家植根民间的文学理想。菱窠位于现成都市东郊上沙河堡四川师范大学北大门附近。

1939年日军轰炸成都,李劼人从城内疏散至郊外沙河堡乡间,后在一菱角堰边以黄泥筑墙、麦草为顶,修筑了自己的栖身之所,还在门楣上题了"菱窠"匾额。1959年,李劼人用稿费将故居翻建成一正一厢带阁楼的样子。

为什么要特地提到这里呢?

菱窠

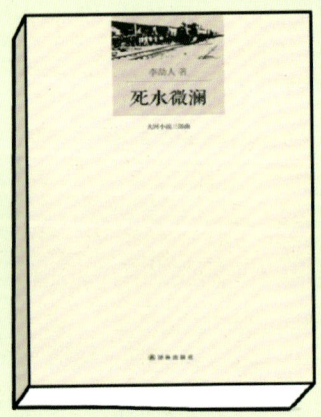  

在这里生活的时候，他创作了反映新中国成立前夕畸形经济和畸形人性的长篇小说《天魔舞》，修改重版了长篇三部曲《死水微澜》《暴风雨前》《大波》，它们都以成都为背景，真实而深刻地描写了甲午战争到辛亥革命前后20年间广阔的社会生活及历史巨变。

原来这小小的阁楼，就是大师创作的地方啊！

是啊,他在这儿一共生活了20多年,直至1962年去世。在这里创作的作品奠定了他新文学长篇历史小说"开山祖师"的地位。巴金曾感喟:要保护好李劼人的故居,"只有他才是成都的历史家,过去的成都都活在他的笔下"。

是,像这样留存历史的好作家不应该被遗忘。

巴金

他也是一个乐于助人的好人。抗战爆发至新中国成立初，李劼人任嘉乐纸厂董事长，对如张天翼、陈白尘等当年客居成都的进步作家都曾慷慨解囊。

我得好好了解了解他，他可真是个"宝藏作家"。

第三话

保路运动风云，川军浴血抗战

铁路国有

粉子姐，保路运动是怎么一回事儿？

保路运动又称铁路风潮。1910年，英、法、德、美四国银行团威逼清政府订立借款修路合同。1911年5月9日，清政府为了向四国银行团借款以镇压革命，在邮传大臣盛宣怀的策动下宣布"铁路国有"，将已归商办的川汉、粤汉铁路收归国有。

这样做有什么后果?

真是可恶！怪不得人们要反抗。

四川修筑铁路的股东不仅有士绅、商人、地主，还有农民，农民购买的股份占很大比例。清政府颁布"铁路国有"政策后收回了路权，但没有退还补偿先前民间资本的投入，因此招致了四川各阶层，尤其是广大城乡劳动人民的反对，从而掀起了轰轰烈烈的保路运动。

保路运动

帝国主义为了进一步奴役中国人民，掠夺中国财富，从19世纪末就开始对中国进行铁路投资，粤汉、川汉铁路是沟通南北和深入内地的两条重要干线，因而成为帝国主义争夺的目标。

原来选择这两条铁路是有原因的。

成都—宜昌　川汉铁路
广州—武汉　粤汉铁路

1961年7月13日,省人民政府批准辛亥秋保路死事纪念碑为"省级重点文物保护单位",1988年1月13日,国务院批准为"全国重点文物保护单位"。

省级重点文物保护单位

全国重点文物保护单位

我看了看,从纪念碑到展厅银杏阁中轴线,形成了一个辛亥革命纪念区,周边还种植了松柏类树木进行烘托。

川军抗日阵亡将士纪念碑

川人爱国,言行必践。1937年全面抗战爆发后,四川人民立刻组织川军出川抗战。抗战胜利后修建了"川军抗日阵亡将士纪念碑"来纪念川军将士的英勇抗战。

这就是纪念碑啊!

川军在历次大会战中,战绩卓著,给日本侵略者以沉重打击,成为人所称道的"铁血之师"。

太振奋人心了!

草鞋单衣

天府笔记

成都有个著名的建川博物馆,以"为了和平,收藏战争;为了未来,收藏教训;为了安宁,收藏灾难;为了传承,收藏民俗"为主题,建设抗战、民俗、红色年代、抗震救灾四大系列 30 余座分馆,已建成开放 24 座场馆,是目前国内民间资本投入最多、建设规模和展览面积最大,收藏内容最丰富的民间博物馆。2018年 9 月,被确定为国家二级博物馆。

百姓送红军出川

第四话

育天下英才，存民族文脉

华西协合大学

粉子姐,成都有个地名叫"华西坝",那里是有什么大水坝吗?

不是啦,那是因为华西协合大学的兴建。1905年,英、美、加三国在中国西部创办一所"规模宏大、学科完备"的高等学府,地址定在四川成都,随即在城南购置土地,建筑校舍,也就是今天的华西坝了。

成都之都

是因为办学？那么华西坝在教育史上的地位应该很重要。

华西坝之于成都犹如牛津、剑桥之于伦敦，清华、北大之于北京。成都是文化之都，华西坝则可以说是"成都之都"。

那办学之前，华西坝这块地方是做什么用的呢？

相传是蜀汉都城的"中园"旧址，刘备游幸之地。又说是五代蜀王孟昶的后花园。不过，历史上虽称"中园""别苑"，20世纪初这里却是一片水田和坟地。

天府笔记

坝，在四川通常是指平坦而开阔的地域。虽尚未查到何时出现，但可以肯定，华西坝指东起南台寺，南到金陵路及延伸至林荫街，北至锦江，西达万里桥及延伸至浆洗街的区域。

天府笔记

荣杜易入川前遍游了大江南北，考察中国传统古典建筑，在华西坝修建了中西合璧的建筑群。华西坝的建筑，从风格到布局都独成一体，融中国古典园林和西方宫廷花园于一体，成为成都唯一保存完好的古建筑博物群。

学校最早的校址在"中园"一带，即今天的锦江之南，一个叫做南台寺的地方，张船山在画稿中有清晰的描绘。华西坝最初的图样是由英国建筑师弗列特·荣杜易设计的。

还是中西结合的文化建筑呢！

荣杜易负责为华西坝设计事务所、生物楼、图书馆、广益大学舍、协合中学大礼堂以及钟楼等主要建筑。他离开后，后续工程由加拿大人苏木匠负责。苏木匠本名苏维廉，酷爱体育运动，所以华西坝的体育场修得特别棒。

华西坝可以说是当时四川文化、建筑水平的制高点。

天府笔记

荣杜易以钟楼为原点，主要建筑皆自东西向铺开，形成约为"品字形"的错落有致的格局。他漂洋过海来到中国，同他的兄弟在天津上岸，一路进京，然后到成都，沿途无数的古典建筑给了他很多启发。设计完成后，这位英国建筑师再也没有踏上过中国的土地。

20世纪80年代,英国前首相希思受人之托,访问了华西坝,委托人正是荣杜易的孙子。荣杜易当初在设计中采用了新的技术——倒拱形结构,他一直牵挂着这种结构的使用效果。

近百年的风雨历程,建筑依然完好,青砖、黑瓦和红砖石构筑的华西坝经受住了时光的考验,老人一定很欣慰。

华西钟楼

华西钟楼是华西坝的地标性建筑吧？我最喜欢那座大钟啦！

钟楼建于1925年，原名柯里斯纪念楼（The Coles Memorial Clock Tower），由纽约柯里斯医生（Dr. Ackerman Coles）捐资建成。塔内有一座西方风格的铸钟，早期由人工敲打，后改为电力驱动。钟楼上的重锤式机械芯如今已经运转了90多个春秋。

1937年，全面抗日战争爆发，为使友校不致停办、学子不致辍学，华西协合大学敞开大门迎接友校逃难师生。金陵大学、齐鲁大学、金陵女子文理学院、燕京大学和华西协合大学五所大学在华西坝汇集，这里成为大后方的文教中心之一。

再回到华西坝的教育意义和地位上说说吧！

天府笔记

抗战时期48所高校内迁入川，1937年，金陵大学最早迁入成都。1938—1939年间，先后有金陵女子文理学院、上海光华大学、山东齐鲁大学、中央大学医学院及附属国立牙医专科学校、国立清华大学航空研究所、山西私立铭贤学院迁入成都。1942年，燕京大学成为抗战期间最晚迁入成都的大学。一时间，华西坝汇集了文、法、理、医、农五类学科，共六七十个系，学子数千名。

另外,东吴大学生物系、协和医学院的部分师生也在此借读,人们将华西坝五大学誉为"Big Five"(五强),也习惯性地称这一时期为抗战"五大学时期"。

天府笔记

坝上精英荟萃,人文学者有陈寅恪、吴宓、萧公权、李方桂、顾颉刚、钱穆、蒙文通、吕叔湘、常燕生等,理工学者有刘承钊、刘恩兰、赖朴吾、魏时珍、李晓舫、张铨等。

群英荟萃,人才济济,华西坝容纳了多少赤子之心啊!

华西协合大学

剑桥

文化交流

牛津

中英文化合作计划提出后，剑桥和牛津相继成立了中英文化交流委员会，东西文化学社在华西坝成立，一场对20世纪中国影响深远的文化交流由此发端。李约瑟、海明威、林语堂等人纷纷来到华西坝讲学交流，爱因斯坦、罗素等人纷纷致函表达沟通中西的愿望。

好的事情果然有很多人在支持。

那后来华西坝的发展情况如何?

华西口腔健康教育博物馆

新中国成立前夕,华西协合大学已是一所包括文、理、医、牙4个学院的综合性大学,设有26个系和2个专修科,还拥有7所附属医院。创刊于1946年的《华大牙医学》杂志成为当时国际一流水准的口腔医学杂志。

第五话

天人合一爱自然

"天人合一"

"友善",意味着一个人能尊重自然,能爱惜自然的一草一木,能在自然山水之中尽情舒展自己的灵性。

在成都,"天人合一"的思想在青城山和鹤鸣山得到了集中体现。这两个地方是中国道教的发祥地,都提倡"人与自然和谐相处"。

道家认为，人与自然是和谐统一的，自然有其自身的运行规律，人应该认识自然、尊重并利用自然规律，在不破坏自然规律的前提下对自然界进行改造，从而造福人类。

"天人合一"的思想在今天这个生态环境变化剧烈、人类谋求可持续发展的时代背景下有更加深刻和重要的意义。

"天人合一"

道家认为，人与自然是和谐统一的，自然有其自身的运行规律，人应该认识自然、尊重并利用自然规律，在不破坏自然规律的前提下对自然界进行改造，从而造福人类。

"天人合一"的思想在今天这个生态环境变化剧烈、人类谋求可持续发展的时代背景下有更加深刻和重要的意义。

"天人合一"

是啊，刘禹锡的《竹枝词》，张籍的《成都曲》，杜甫的《登楼》《江畔独步寻花七绝句其六》，李白的《蜀道难》，陆游的《咏梅》，还有著名的杜甫诗《春夜喜雨》……

对哒！

"晓看红湿处，花重锦官城"就源自杜甫的《春夜喜雨》。

成都的生态建设目标：2025年，加快建设美丽宜居公园城市，公园城市特点初步显现；2035年，基本建成美丽宜居公园城市，开创生态文明引领城市发展的新模式；2050年，全面建成美丽宜居公园城市，全方位形成人、城、境、业高度和谐统一的大美城市形态。

2050年 全面建成美丽宜居公园城市

2035年 基本建成美丽宜居公园城市

2025年 加快建设美丽宜居公园城市

生态建设目标

成都生态建设目标

规划这么清晰，看来成都是打算在生态建设方面"大干特干"啦！

白鹭湾湿地公园

天府笔记

白鹭湾湿地公园位于成都市区东南部锦江环城生态区，公园东与三圣乡接壤，北面紧挨绕城高速，总面积3000亩，其中水面面积1000亩，是锦江区人民政府打造的生态湿地。2017年1月，成都市白鹭湾城市湿地公园获批"国家城市湿地公园"。

这是白鹭湾湿地公园，它是成都首个"国家城市湿地公园"，属于人工湿地类型。白鹭湖、白鹭洲、芦荡飞雪、绾雾香舟、花海梯田等众多精致景点遍布其中，鸟语花香，绿树成荫，一派田园风光，是都市人骑行、徒步的好去处。

在这里待一天，可以减轻许多压力。

接下来是锦城公园,它是成都市"198"区域的绿化示范区。它最大的特点是有四大湖,每个湖绕一圈差不多2.7千米,是健身跑步的好去处。

伴着浪漫的江岸景色,身体和精神跟随音乐律动,想想都很赞!

天府笔记

锦城公园位于成都市益州大道锦悦西路口,东与新世纪环球中心相邻,南邻绕城高速。公园占地2400亩,其中水面1000亩,绿地和园区建筑1400亩,是成都市环市区6个湿地公园之一。

锦城公园

樱花树 5000 株

青龙湖公园

彩叶树 3600 株

最后就是青龙湖公园啦！公园以青龙湖湿地出名，以明代蜀文化为主要展示内容。青龙湖公园是成都的"城市绿肺"，也是成都面积最大的湿地公园。公园内有彩叶树3600株，樱花树更是多达5000株。

● **天府笔记** ●

青龙湖公园，又名十陵风景区、十陵青龙湖湿地公园，位于成都市东大门成洛大道西段（十陵段）以南、蜀王大道南段以东。周边郁郁葱葱的绿树让这里变成了一个天然"氧吧"，白鹭、百灵等鸟类在湖面停栖，更有青头潜鸭、棉凫等珍稀鸟类潜身于此。

这些湿地公园真的太棒了！

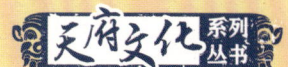

"绘"天府 "智"成都
物华天宝古成都

刘兴全 主编

四川大学出版社
SICHUAN UNIVERSITY PRESS

项目策划：王　军　段悟吾　杨岳峰
特邀编辑：于　俊
责任编辑：张　晶
责任校对：张宇琛
封面设计：墨创文化
责任印制：王　炜

图书在版编目（CIP）数据

"绘"天府　"智"成都．物华天宝古成都 / 刘兴全主编．— 成都：四川大学出版社，2021.8
（天府文化系列丛书）
ISBN 978-7-5690-4035-7

Ⅰ．①绘… Ⅱ．①刘… Ⅲ．①文化史－成都－通俗读物 Ⅳ．① K297.11-49

中国版本图书馆 CIP 数据核字（2020）第 254368 号

书名	"绘"天府　"智"成都　物华天宝古成都
	"HUI" TIANFU "ZHI" CHENGDU WUHUA TIANBAO GU CHENGDU
主　　编	刘兴全
出　　版	四川大学出版社
地　　址	成都市一环路南一段24号（610065）
发　　行	四川大学出版社
书　　号	ISBN 978-7-5690-4035-7
印前制作	墨创文化
印　　刷	四川盛图彩色印刷有限公司
成品尺寸	190mm×200mm
印　　张	18
字　　数	281千字
版　　次	2021年8月第1版
印　　次	2021年8月第1次印刷
定　　价	88.00元（全5册）

◆ 读者邮购本书，请与本社发行科联系。
电话：(028)85408408/
(028)85401670/(028)86408023
邮政编码：610065

◆ 本社图书如有印装质量问题，请寄回出版社调换。

◆ 网址：http://press.scu.edu.cn

四川大学出版社
微信公众号

版权所有　侵权必究

目录

第一话 三星堆神树，金沙太阳鸟……………………………… 1

第二话 古代蜀王……………………………………………… 17

第三话 汉称天府，"蜀汉"美名扬………………………… 33

第四话 晓看红湿处，花重锦官城………………………… 49

第五话 道教名山青城山，古大圣慈寺…………………… 65

"绘"天府 "智"成都
物华天宝古成都

第一话

三星堆神树，金沙太阳鸟

天府笔记

三星堆遗址位于四川省广汉市西北鸭子河南岸，面积12平方千米，是迄今西南地区范围最大、历史最悠久、文化内涵最丰富的古城、古国、古蜀文化遗址。

三星堆博物馆青铜馆

你知道三星堆吗？

当然听说过！这可是很著名的景点，但我还没机会好好了解一下呢。

你看！这就是三星堆博物馆的青铜馆。

粉子姐，为什么说三星堆是历史最悠久、文化内涵最丰富的文化遗址呢？

因为这个遗址距今已有3000年至5000年的历史啦！从新石器时代晚期延续至商末周初，三星堆的发现把四川的历史向前推进了1000多年，是20世纪中国最重大的考古发现之一！不仅如此，三星堆遗址的发现也表明长江流域与黄河流域一样，同属中华文明的母体，所以三星堆也被誉为"长江文明之源"。

黄绿玉琮

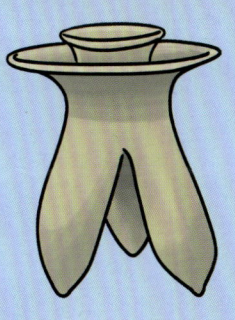

陶三足炊器

铜人面具

青铜大立人像

铜纵目面具

青铜神树

天府笔记

三星堆出土的文物是宝贵的人类文化遗产，是中国最具历史、科学、文化、艺术价值，最富观赏性的文物群体之一，现在已被列入世界文化遗产重点保护名录。

哇！太棒了！这样珍贵的遗址，应该好好保护起来。

是啊，三星堆可是4A级景区呢，每年都有大量游客慕名而来。接下来，我可得好好给你介绍一下这批古蜀秘宝中最具代表性的三样文物。

走起！

这就是青铜大立人像。

你看他双手环握中空,两只手臂于胸前呈环抱状,赤脚,戴足镯,站在方形怪兽座上,看上去典重庄严,好似一个具有通天异禀、神威赫赫的大人物正在作法呢。

青铜大立人像

天府笔记

青铜大立人像高172厘米、通高262厘米,出土于三星堆遗址一号祭祀坑,重约180千克。

青铜大立人站立的方台可以理解为作法的道场——神坛或神山。这尊"纪念碑"式的大立人雕像高鼻梁、大眼睛、深眼眶、大耳朵,相貌和中原人差别很大,所以有学者倾向于认为它是三星堆古蜀国集神、巫、王三者身份于一体的最具权威性的领袖人物,是神权与王权最高权力之象征。

铜纵目面具

天府笔记

整个面具宽1.38米，高0.645米，一双雕有纹饰的耳朵向两侧充分展开，凸出的眼睛则代表了古蜀人对眼睛的崇拜。它的双眼呈柱状外凸达16厘米，被人们俗称为"千里眼、顺风耳"。

这个面具好奇怪，为什么他的眼睛这么大，还高高凸起呢？

这是铜纵目面具，三星堆共出土人面具20余件，分大、中、小三型，这是造型最奇特、最威风的，同时也是三星堆六大国宝之一，是世界上年代最早、形体最大的青铜面具之一。

三星堆出土了很多青铜文物啊!

是哒!其中最美的就是青铜神树了。

铜人面具　　戴金面罩青铜人头像　　铜戴冠纵目人像

青铜神树的由来有什么典故吗?

《山海经》中有关"扶桑木"的描述,就非常符合青铜神树的特征。

一号神树

天府笔记

一号神树高达 3.96 米,树干残高 3.84 米。有三层枝叶,每层有三根树枝,树枝的花果或上翘,或下垂。三根上翘树枝的花果上都站立着一只鸟(即太阳神鸟),鸟共九只。神树的下部悬着一条龙,龙的头朝下,尾在上,形象生动。二号神树旁,也有一条蜿蜒盘桓的龙,神树与龙的一体形象,使神树显示出非凡的魅力与丰富的象征意义,可以说是独一无二的旷世珍品了。

二号神树

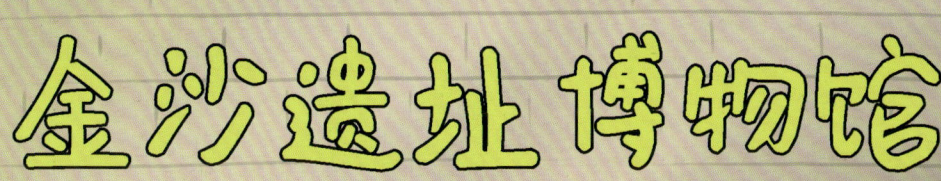

JINSHA SITE MUSEUM

为什么神树上每个花果上都站着一只可爱的小鸟呢?

说到树上的九只鸟,就得提到成都金沙遗址博物馆啦!

你看,就是这里。金沙遗址博物馆是基于金沙遗址的考古发掘而修建的,是四川省继广汉三星堆之后最为重大的考古发现之一。

青铜神树枝头花蕾及立鸟

天府笔记

金沙遗址博物馆2006年被评为全国重点文物保护单位，2007年4月16日正式对外开放，2018年10月11日入选全国中小学生研学实践教育基地名单，还被评为成都市爱国主义教育基地。

金沙遗址博物馆似乎还很"年轻"啊！

是啊，的确是座很年轻的博物馆。

太阳神鸟图

这个图案生动再现了远古时期"金乌负日"的神话传说故事,四只神鸟围绕着旋转的太阳飞翔,周而复始,循环往复,生生不息,体现了远古人类对太阳及鸟的崇拜,表达了古蜀人对生命和运动的讴歌。

这个图案一定寄托了很多人的祝福和企盼。

这个金面具是做什么用的呢？看上去非常华丽。

商周大金面具

据传说是用于沟通神灵的媒介。

祭祀活动

天府笔记

在人类早期的祭祀活动中，面具是巫师常用的工具。据学者研究，这个面具与玛雅文化中的某些元素有很多相似之处。

我感觉这个金面具和三星堆的青铜面具有点儿像呢。

是的，二者造型风格基本一致。金沙另有金蛙形金带、圆形金饰、喇叭形金饰等30余件，还有玉器400余件，铜器400余件，石器170余件，象牙器40余件。

别看金沙遗址博物馆年轻，里头的文物可真不少。

金沙商周大金面具

三星堆铜人面具

天府笔记

象牙作为一种稀有物，是富贵的象征，蜀国人之所以将它埋在祭祀坑中，可能是当作进献祖先的祭品。

出土象牙

粉子姐，金沙这么多文物，有没有哪件文物可以作为代表呢？

象牙是最具代表性的，金沙遗址出土的象牙总量有1吨重。早在《山海经》中就有记载，古蜀国的大象数量繁多。

据史料记载，古蜀国气候温暖，很适合野生动物生长。

第二话

古代蜀王

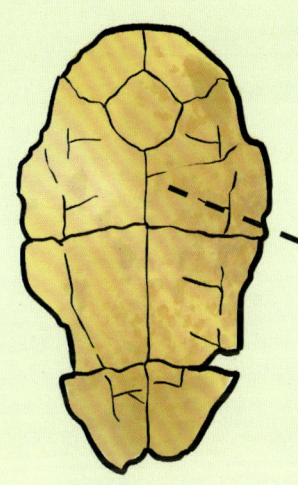

商代甲骨

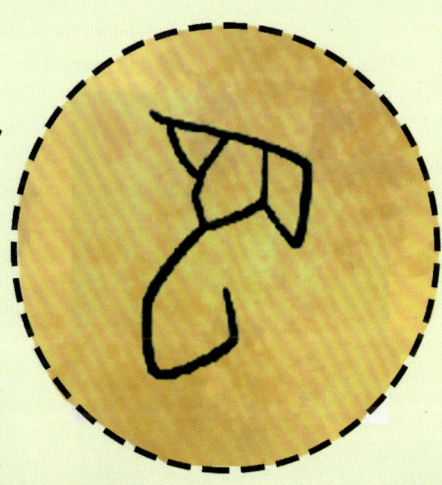

甲骨文"蜀"字

"蜀"字的起源是什么呢?

"蜀"字最早见于商代的甲骨文。

蚕丛　　柏灌　　鱼凫　　望帝杜宇　　丛帝鳖灵

那么古蜀国又有哪些杰出的蜀王呢?

总体来说,传说有蚕丛、柏灌、鱼凫、望帝杜宇、丛帝鳖灵五代。

这些名字可真奇怪。

人们会记得这些人吗?

当然啦,李白在名篇《蜀道难》中就提到了古蜀王蚕丛和鱼凫:"蚕丛及鱼凫,开国何茫然!"

如果你感兴趣，可以翻阅地方历史文献，会发现从《蜀王本纪》到今日川西地方民间口头故事，都有很多这方面的内容。

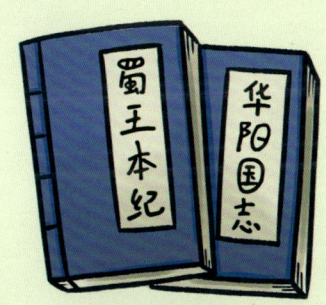

天府笔记

《华阳国志·蜀志》中就有这样的记载："有蜀侯蚕丛，其纵目，始称王。"蚕丛，即蚕丛氏，是蜀人的先王。他"衣青衣，劝农桑，创石棺"，以其超群的胆略和智慧，在成都平原发展生产和经济，造就了古蜀国的辉煌历史。

我可得好好了解一下。

好呀!最开始是蚕丛率领他的部族离开岷山到成都居住。

粉子姐,快告诉我更多关于其他君主的故事。

冲啊!灭了他们!

夏桀好色,我们就用美女迷惑他吧!

蚕丛

有缗氏

好吧,也没别的办法了!

天府笔记

夏桀十四年,夏桀派大将军扁攻打蚕丛和有缗氏,蚕丛跟有缗氏说,可以用美女迷惑夏桀,让他丧失斗志,之后夏桀果然就退兵了。西周时期,蚕丛被其他部落打败,他的子孙后代逃到姚(今云南姚安)和巂(今四川西昌)两地。

可真是复杂啊，那么柏灌呢？灌是和水有关吗？他又有什么故事？

有专家认为"柏灌"源自泊灌，意思是这个部落的人善于种植。柏灌实际上是古蜀国前期部落氏族社会时期的一个阶段，据说是羌人。不过很可惜，有关柏灌的生平记载很少，粉子姐我也只知道这么多了。

柏灌务农

接下来就是鱼凫。鱼凫是继蚕丛、柏灌之后的第三代蜀王,他将都城建在今天温江区的万春、柳城一带。因为鱼凫下令广植柳树作为国界,整座都城杨柳依依,所以史称"柳城"(今成都市温江区北鱼凫城遗址)。

鱼凫

鱼凫城

鱼凫,柳城,可真好听!

这些传说可真神秘，可惜我没机会看到种满柳树的鱼凫古城了。

不会啊，如果你去温江旅游，还能依稀感受到古蜀国的历史遗韵，比如鱼凫城遗址、柳树、温泉、美食等，一样令你流连忘返。

好勒，我一定要去。

鱼凫城

柳树

温泉

我再来给你讲讲杜宇吧。

天府笔记

相传望帝原名杜宇，立荆州传说中一个死而复生的人鳖灵为丞相。当时洪水泛滥，然而蜀国四面环山，盆地地形导致水流不出去，鳖灵便凿穿巫山，引导水流，才形成了今天的长江。几年后，望帝因他功高，传位于他，自己跑去修道，死后化为一只杜鹃鸟。

鳖灵治水

望帝杜宇

杜鹃鸟

李商隐的《锦瑟》里有一句"望帝春心托杜鹃"，这个"望帝"是你讲的望帝吗？

对哒！就是他。

最后一位,就是鳖灵,继蚕丛、柏灌、鱼凫、杜宇之后的第五代蜀王,传说为荆(今长江中游一带)人。在如今的成都市还有一座专门用来纪念他们(杜宇、鳖灵)的望丛祠。

丛帝鳖灵

望丛祠

天府笔记

常璩《华阳国志·蜀志》记载,杜宇时,"会有水灾,其相开明决玉垒山以除水害。帝遂委以政事,法尧舜禅授之义"。

原来这就是望丛祠背后的故事啊。

第三话

汉称天府,"蜀汉"美名扬

粉子姐，"天府"是什么意思呢？是天上的宫殿吗？

天子府库

"天府"啊，原本是一个官职的名称，是为"天子"也就是皇帝掌管府库的官员。

天府官

天府笔记

当时生产力很落后,天府官管的东西都很稀有,如钱财米粮、金银器物、图书文册等。

我要好好盘点,千万不要搞丢这些宝贝!

这个官职呢,是在周天子时设立的,国家值钱的东西都是"天府"在管呢。

哇!这么厉害呢!

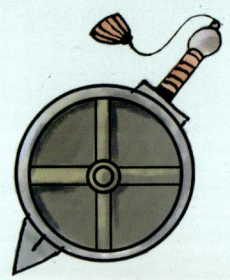

有粮！

天府

有力量！

有钱！

粉子姐，"天府"后来也是这个意思吗？

天府笔记

古时候有好多地方都叫天府，比如汉中、关中、四川成都平原周围。

不是啦，到秦国时期，天府的意思就变了，它被用来形容一个国家农业发达、经济繁荣、军事强盛的地方。

粉子姐，是谁创造了都江堰这么伟大的工程呢?

是李冰，他可是一个厉害的人物。

都江堰地形图

天府笔记

李冰，公元前256年—公元前251年被秦昭王任命为蜀郡（今成都一带）太守，专门负责治水。他和他的儿子依据岷江水形和山势开凿了都江堰水利工程，这为农业生产做出了很大的贡献。

梯田

天府笔记

都江堰水利工程灌溉面积的扩大、丘陵地区梯田的普遍修建、耕作技术的进步、作物品种的增多、管理修缮制度的健全，使平原和丘陵地区"地狭而腴，民勤耕作，无寸土之旷，岁三四收"。也是因为都江堰，天府之国才最终成为成都平原的代名词。

从那以后，"水旱从人，不知饥馑"，人们的生活变得更加富裕了。

啊，怪不得都江堰是成都不得不去的一个重要景点。

所以粉子姐，成都后来的发展是因为这些重要工程的缘故吗？

是啊，三国时期的刘备之所以在成都建立蜀汉政权，就是因为这片土地的肥沃和物产丰富，老百姓能够丰衣足食，安居乐业。

主公，成都是个好地方啊！

好，我们去成都！

诸葛亮

张飞

刘备

关羽

诸葛亮

武侯祠

原来诸葛亮也是成都的"大功臣"呢。

提到刘备,就不得不提三国时期的蜀汉丞相诸葛亮,他可是贤臣和智慧的化身。诸葛亮生前被封为武乡侯。你看,这是武侯祠,是专门为纪念诸葛亮而修建的。

离武侯祠不远的衣冠庙也是大有来头！传说关羽死后，刘备在此为其修建了一座衣冠庙来纪念他，故此得名。

啊，原来衣冠庙这个地名是这么来的！

后来刘备死后葬在惠陵，现在也是武侯祠博物馆的一部分。

惠陵

刘备

武侯祠

惠陵

汉昭烈庙

漫漫岁月中，人们渐渐地把刘备惠陵、汉昭烈庙和武侯祠合并至一处，就是现在的武侯祠了。

哇，的确不负他们"明君贤臣"的美名哦。

全国重点文物保护单位

国家文物局一九六一年颁发

成都武侯祠博物馆 一九八四年

还有，武侯祠是唯一的"君臣同祠"祠堂。1961年，武侯祠被确立为全国重点文物保护单位，并于1984年成立博物馆。

武侯祠2006年被评为国家AAAA级旅游景区，2008年被评为首批国家一级博物馆。今天的武侯祠可是人们来到成都，领略三国风采，感受西蜀文化的必游之地。

武侯祠好厉害啊！我可要仔细参观。

现在你看到的武侯祠分文物区、园林区和锦里三部分，是全世界影响最大的三国遗迹博物馆，对三国文化的传播起着重要的作用。你知道吗？它还享有"三国圣地"的美誉呢！

小小的武侯祠，竟然还有这么重要的意义！我真是涨知识啦！粉子姐！

第四话

晓看红湿处,花重锦官城

粉子姐，为什么成都能制造出蜀锦这样精美绝伦的手工产品呢？

土地肥沃

植物染料

蚕茧

成都平原属于亚热带湿润季风气候区，土地肥沃，生物资源丰富，盛产制作蜀锦所需的桑蚕丝以及植物染料。

国家非物质文化遗产

蜀锦织造技艺

二零零六年

天府笔记：2006年，蜀锦织造技艺经国务院批准，列入第一批国家级非物质文化遗产名录。

四川蜀锦是很重要的文化遗产呢！

真是不能小瞧这门手艺。

蜀锦

京都西阵织

你知道吗?据说蜀锦也是日本国宝级传统工艺品京都西阵织的前身哦!

想不到两个国家的文化还有这样的交集。

我很好奇，蜀锦究竟是怎样制作出来的呢？

让粉子姐我来给你说道说道！

在织机上通过打结、投梭、拉花等步骤就可以织造出蜀锦啦！

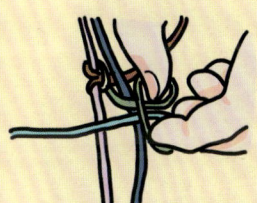

打结

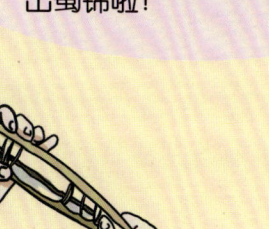

投梭

拉花

织造蜀锦

洛阳  邯郸

临淄  成都  宛城

蜀锦的发展和经济的进步有很大关系吧。

你说对了。到汉代时，成都已成为可以与洛阳、邯郸等大都市匹敌的全国重要商业都市之一，为蜀锦的发展提供了良好的经济条件。

历史上,成都是蜀锦的主要产地与集散中心,蜀锦也为当地政府财政收入的增长出了不少力。

原来蜀锦对成都有这么重要的意义。

天府笔记

陈子昂称赞道:"蜀为西南一都会,国家之宝库,天下珍货聚出其中。又人富粟多,顺江而下,可以兼济中国。"繁华的成都源源不断地为沟通东西方的"丝绸之路"提供丝绸、布帛、书籍等货物,为西北、西南各族提供茶叶、食盐等物资。

粉子姐,成都为什么又叫"蓉城"呢?"蓉"是什么?

这就要提到五代后蜀的皇帝孟昶了,他在位期间,城墙上遍植芙蓉,所以成都又有"芙蓉城"的称号,简称就是"蓉城"啦!

宋人在《成都古今记》里写道："孟蜀后主于成都城上遍种芙蓉，每至深秋，四十里如锦绣，高下相照，因名锦城。"这也是成都被称为锦城的另一种说法。

成都古今记

成都的别称可真多啊！我都要记不住了，哈哈！

宋代的成都还是那么繁荣吗?

南宋时期,成都是全国第二大粮食生产基地,你说繁荣不繁荣?

天府笔记

高斯得《宁国府劝农文》中记载,南宋时期人们特地向江南东路的宁国府(今安徽宣城)的农民推广四川地区的农业生产技术和经验,成都可是其他城市的学习模范呢!

第五话

道教名山青城山，古大圣慈寺

道士

天府笔记

道教对中国传统的哲学、思想、文学、艺术、宗教、风俗、技术等方面都产生了相当大的影响。

粉子姐，我一直觉得道教文化很神奇，我想多知道一些呢。

好嘞！道教是中国特有的宗教，历史上也有不少朝代提倡道教，所以在古代一度被看作中国的国教。

鲁迅先生

鲁迅先生说过"中国根柢全在道教",可见道教影响力之大。

我看资料说，四川是道教发祥之地。

是啊。雄奇秀丽、多彩多姿的蜀地山水充满原始的神秘和野性，自然风光秀丽多姿。

天府笔记

古蜀流传着许多怪异神奇的传说：大禹治水、望帝啼鹃、鳖灵复生等，因此，蜀地崇拜自然的宗教气氛浓烈，成为"道法自然"的道教发源地，在许多闻名于世的旅游景点中就有与道教文化相关的宫观和名山。

青羊宫是不是已经很古老了?

是,青羊宫始建于周朝,原名青羊肆。至明朝时,唐朝所建殿宇毁于兵灾。现存建筑大多是清代重建的。

天府笔记
青羊宫现存建筑大多是清代康熙年间陆续重建的,占地面积约12万平方米。

道藏辑要

青羊宫内最宝贵的文物是一部《道藏辑要》，这是世界上保存最完整的版本，是学者专家研究道教的珍贵资料。

当然，青羊宫也是四川省的重点文物保护单位！

哇，太厉害了！

四川省重点文物保护单位

四川省人民政府二零零二年颁发

那你刚才说的名山又是哪里?

《神仙传》中写道:"闻蜀人多纯厚,易可教化,且多名山。"这其中最有名的就是青城山。

天府笔记

青城山位于四川省成都市都江堰市西南,距都江堰水利工程10千米,距成都市区68千米。青城山不只是成都的世界文化遗产、5A级景区,还是中国四大道教名山之一、五大仙山之一。

青城山景区

张道陵

青城山在历史上一直是道教名山吗?

天府笔记

古蜀尚仙文化时期,蜀人希望通过修行和炼丹获得长生不老,过上逍遥自在的神仙生活。三星堆出土人面鸟身像、人身鸟足像、鹰头杜鹃等飞鸟形象,恰好展现了蜀人羽化飞仙的浪漫想象力,故而后来道教修行者以羽化飞仙为主要目的。

那倒不是。西汉末年,被称为"蜀中八仙"之一的阴长生入青城山修道,这算是"道士入山"的开始,但真正奠定青城山道教名山地位的是张道陵。

东汉初年,张道陵入鹤鸣山(今成都市大邑县境内)修道,创立五斗米道,是道教最早的一个派别,张道陵便是最早从鹤鸣山来到青城山结茅传道的修行者。

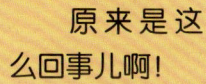

青城派武者

你还不知道吧，青城除了是道教的发源地外，还是"青城派"的发源地。

青城派？

天府笔记

青城派的武术在吸收外来武技的同时，与丹道、自然辟谷、易学、医学交融互汇，形成了独特完整的体系。

青城派是一个武术门派。青城山既有道教文化，又是武术圣地，加上隋唐统治者对道教的扶持，这一时期的青城山可以说是"神仙都会"。

看来成都是一座"道教之城"啊!

远不止呢,佛教由印度、中亚传入中国,蜀地正好位于西域至南海线、滇缅五尺道、牦牛道的几个主要传道路线的交会点,因此向来有"言禅者不可不知蜀,言蜀者尤不可不知禅"的说法。成都也有佛教文化的胜地——古大圣慈寺,也叫大圣慈寺。

天府笔记

大慈寺建于3世纪至4世纪之间,因建筑壮丽、规模宏大、僧人众多,远超唐代其他著名寺院,于是也就有了"震旦第一丛林"这一说。相传苏轼与其弟苏辙游大慈寺,对唐代佛画大师卢楞伽的作品倍加赞赏,称大慈寺壁画"精妙冠世"。大慈寺已有1600多岁了,该寺兴盛时,其面积几乎占了成都老城东区的一小半。西到今日的商业场、春熙路,东抵旧城墙脚下,南至今镗钯街、红石柱横街,北达现天涯石北街、四圣祠街。

大慈寺

天府笔记

在唐朝安史之乱时，唐玄宗到成都避难，正好遇见城里一个僧人在给难民施舍粥饭。他就问这个和尚，你的善举是为了什么，那个僧人回答说：我希望我们的国家能够早日收复失地，您能早日重回长安。唐玄宗听了非常高兴，就在这个地方建了大慈寺，还给大慈寺赐额"敕建大圣慈寺"，给了1千亩地修建90多个院落8000多个区域。这一传说记载于宋代志磐的《佛祖统纪》。大慈寺历经兴废，多次毁于兵火，现存诸殿为清顺治至同治年间陆续重建。

关于大慈寺的由来，这里有一个传说。

这么说来，大慈寺也有很久的历史了！

你的善举是为了什么？

我希望我们的国家能够早日收复失地，您能早日重回长安。

唐玄宗

那大慈寺周边还有啥好玩的呢?

大慈寺附近商业繁荣,寺前还有季节性市场,如灯市、花市、蚕市、药市、麻市、七宝市等,流传已久的成都十二月市就是从两宋时期开始形成的,从那时候开始,这里就已经是西南商业中心了。

天府笔记

从《方舆胜览》"登大慈寺前云锦楼观锦江夜市"和田况诗《七月六日晚登大慈寺阁观夜市》的记述中,可以一瞥宋代大慈寺附近夜市的盛况。

一般寺庙名刹都远避红尘,而大慈寺却身处闹市。正因为大慈寺天生具备这般"世俗欢乐"的气质和历史氛围,如今的成都也依旧保存了"大慈寺商圈"这一规划。

我觉得好神奇啊,一墙之隔就是完全不一样的感觉!外面是形形色色的人,英俊的男孩,美丽的女孩,充满时尚和奢侈品的世界;踏入大慈寺的大门,闻到香火的味道,好像整个人都变得平静了。

这隐于闹市的庙宇,真是太奇妙啦!太古里和大慈寺的融合,真正让我理解了"成都,一座古老和现代默契融合的城市"这句话。

天府笔记

2014年,太古里正式运营,各类时尚、潮流大牌与大慈寺毗邻,完成了一次完美的"跨界"融合。时尚大牌在这里,网红餐饮在这里,好玩的快闪展览在这里,成都最潮最美的一群人也在这里。太古里的"里"字是"街巷"的意思,正是这纵横交织的里巷使太古里别具一格。太古里"快里"和"慢里"的街道设计和商铺陈列体现出成都的生机勃勃又悠闲自得,也反映出成都人快慢融合的生活节奏。